LA CLAVE PARA ENTENDER LAS CRISIS ECONÓMICAS

Alfredo Mourelos Muñiz

PRÓLOGO

Escribir este libro ha sido un trabajo de hormiga. He ido colocando pieza a pieza este puzle sobre las crisis económicas y sus causas. Terminarlo no ha sido una tarea fácil y ha sido de gran ayuda contar con el apoyo de las personas más importantes que forman parte de mi vida y por eso quiero dedicar este trabajo especialmente a mi hijo, a mi madre, a la memoria de mi padre, a mi esposa, hermano y su esposa, a mis sobrinas, a mis amigos y amigas íntimos, y a todas aquellas personas que han mostrado su cara más amable en mis momentos difíciles.

A veces basamos nuestras impresiones de las personas sobre cosas que hemos oído o leído previamente acerca de ellas, aunque estén en conflicto con la evidencia de lo que vemos. Cuando finalmente llegamos a conocerlas, tal vez persistamos en ver lo que no hay. [1]

[1] (*Convivir hoy: guía práctica de las relaciones personales*. Martín, Ricardo. Salvat, 1989).

Los sentimientos afectivos que se generan en las personas en el transcurso de la vida sobre sus familiares, amigos, compañeros de trabajo, vecinos, conocidos y sobre los lugares que se habita y en general sobre todo lo que nos rodea, acompañados de la actividad cotidiana y el trabajo, hacen que las personas creen vínculos culturales y sociales muy fuertes. En las personas emprendedoras, con mayor actividad, se pueden producir más fácilmente éxitos o fracasos condicionando los sentimientos afectivos hacia cambios culturales y sociales. Las relaciones entre las personas están condicionadas con las estructuras económicas y financieras que dejan a muchas de ellas fuera del sistema o crean excéntricos sociales.

Algunos de los ejemplos y supuestos expuestos en este libro proceden de mi relación profesional con agentes de intermediación, representantes de activos económicos y de productos financieros, y amplían el análisis del actual sistema capitalista que se canaliza a través de:

- Agentes intermediarios de activos: *Commodities* (alimentos, petróleo, etc.), inmobiliarios, derechos, servicios, etc.

- Ejecutivos empresariales: creando planes de empresa para desarrollar en cada sector la creación de valor económico.

- Agentes de intermediación financiera: productos y estructuras financieras.

- *Brokers* y *traders*: creadores de mercados financieros cotizados en bolsa.

- Oficiales bancarios: operativa bancaria entre economía y finanzas.

- Agencias de calificación de riesgo: los análisis de los mercados a todos los niveles.

La actividad concatenada de estos auxiliares del capital hace dimensionar la realidad dentro de los ciclos económicos para favorecer la planificación de la fase de crecimiento y la fase de crisis.

ÍNDICE

INTRODUCCIÓN

Para empezar, me gustaría plantearle al lector una serie de preguntas:

¿Es usted un trabajador?

¿Es usted un empresario?

¿Está jubilado porque ha trabajado toda su vida?

¿Está usted estudiando para tener acceso a un trabajo?

¿Su vida está relacionada con una actividad, con el trabajo?

Si ha respondido afirmativamente a cualquiera de estas preguntas, este libro seguramente le interesará y a medida que avance en la lectura sabrá a qué me refiero, pero de momento prosigamos con las preguntas:

¿Ha vivido algún período de crisis económica y, si ese es el caso, se ha visto perjudicado por esta como trabajador, como empresario, como pensionista, como estudiante o incluso cuando todavía era un niño?

Y a continuación me gustaría plantearle la siguiente pregunta:

¿Quién tiene la culpa de las crisis económicas?

Intentaré exponer a lo largo de este libro, de la forma más comprensible posible, la información necesaria para responder a estas preguntas, con el propósito último de que las crisis económicas afecten mínimamente a las vidas de las personas que viven de rentas activas.

Para conseguirlo trataré de poner al descubierto la capacidad de ciertos grupos para crear estructuras financieras y de cómo estas repercuten sobre todas las personas que viven o han vivido de una actividad, que viven o han vivido de un trabajo. Así mismo, intentaré exponer las facilidades que les proporcionamos diariamente con nuestras actuaciones y actividades para producir valor económico y cómo estos grupos las orientan hacia su beneficio con intervenciones sobre el mercado económico de bienes, derechos y servicios.

La idea de este trabajo surge de una pregunta que me formulé en el año 2009, el porqué de la profundidad de la crisis económica que estábamos viviendo, y que me ha llevado a observar el sistema y sus estructuras económicas y financieras para comprender su composición y su capacidad de disponer del valor económico a través de la influencia de las estructuras y productos financieros y de cómo estos influyen sobre la población de los distintos países a nivel mundial.

Sabemos que los gobiernos de cada país elaboran sus presupuestos generales y que estos tienen consecuencias sobre la vida de los ciudadanos en lo que respecta a mantener el nivel de bienestar social, pero en años de crisis para conseguirlo pueden corregir y de hecho, con mayor o menor intensidad, corrigen los balances con subidas de impuestos, aumento de la deuda pública o recortes presupuestarios, porque se ven fuera de los soportes económicos y obligados a realizar recortes del nivel del bienestar social. ¿Quién obliga a realizar estos cambios presupuestarios a los gobiernos de los países?

No todos los países tienen una renta per cápita igual y las diferencias económicas que puede haber son muy grandes y se pueden agrandar más en las crisis, como en el caso entre Grecia y Alemania en la crisis que comienza en el año 2008. Las consecuencias varían según la fortaleza o debilidad para mantener el poder adquisitivo de sus ciudadanos y su bienestar social. ¿Por qué un país se puede debilitar económicamente más que otro en una crisis?

La mayor repercusión se refleja en las dificultades que pueden tener las personas, familias y empresas en los países desarrollados para mantener el equilibrio de cobros y pagos especialmente en tiempos de crisis y sus consecuencias sociales pueden afectar a trabajadores o empresarios o, dicho de otro modo, a la clase baja y clase media, según su situación de equilibrio presupuestario. ¿Qué información se necesita para no caer en una crisis económica?

Las consecuencias varían según la mentalidad y educación de las personas sobre el valor económico creado con el trabajo para disponer de ingresos y, dependiendo de la cantidad, su utilización para el consumo, complementada con el ahorro o inversión.

Las crisis económicas traen a las personas que viven de una actividad o de un trabajo consecuencias muy desagradables como desahucios, paro, pobreza, deudas, emigración, suicidios, recortes de derechos laborales, recortes de ayudas del estado, recortes de pensiones del estado, personas que se ven obligadas a acudir a comedores sociales, personas que tienen que pedir ayuda económica a familiares y amigos, personas que pierden todos sus bienes y se quedan literalmente en la calle, quiebras empresariales y un largo etcétera de problemas. Independientemente de si se trata de trabajadores o empresarios, con ideologías de derechas o de izquierdas, pueden sufrir la crisis económica igualmente.

¿Pero qué son las crisis económicas?

¿Son accidentes del sistema capitalista?

¿Son agotamientos del sistema capitalista?

¿Son responsabilidad de los políticos que no saben gobernar?

¿Son imputables a los bancos comerciales por conceder demasiados préstamos y créditos?

¿Cuándo empiezan las crisis económicas?

¿Y cuándo terminan las crisis económicas?

Lo que pretendo exponer en este libro es la respuesta a estas preguntas.

Con la intención de llegar al amplio espectro de personas que sufren las crisis económicas y para unificar las explicaciones, expondré los conceptos básicos de economía, mercado económico, finanzas y mercado de finanzas y a partir de estos conceptos las consecuencias sociales y políticas sobre las personas que viven de rentas activas.

PRIMERA PARTE

1. LA ECONOMÍA

Las personas, y en general las sociedades humanas, centran una gran parte de su actividad en la creación de valor económico con el trabajo, que se planifica desde las direcciones empresariales para desarrollar los planes de empresas a través de las estructuras organizativas en sus diferentes mercados (pequeños, medianos, grandes o multinacionales) y en los espacios de actividad de sectores, subsectores, segmentos y nichos de mercado, con los recursos de las materias naturales y materias primas, productos, mercancías, derechos y servicios en los que, según la situación, intervienen en mayor o menor medida los gobiernos de cada estado.

La complejidad de generar valor económico con los recursos disponibles en sus espacios de mercado a lo largo del tiempo en su proceso de evolución desde las primeras civilizaciones humanas ha llevado a crear un medio de intercambio con "el dinero" para comercializar como representación del valor económico en una compraventa y en cada transacción de mercado. Como consecuencia, se ha convertido en el medio para llevar a los individuos a acumular recursos y aceptar los diferentes niveles de estatus social y en su conjunto a las sociedades a sucumbir unas ante las otras según su nivel de desarrollo científico, técnico, económico y militar. Desde entonces y hasta el día de hoy, según la época, se han desarrollado los avances productivos y los avances en los mercados y las consiguientes transformaciones organizativas de la sociedad, y las diferencias sociales continúan, con mayor o menor equidad, creando conciencia a los individuos por la disponibilidad de recursos económicos.

La economía es la palabra que define la relación de las personas con los bienes, derechos y servicios, es decir, el árbol y su transformación en un mueble, el derecho intelectual o el de una patente, el abogado y sus servicios profesionales, etc. Es la creación de valor económico con el trabajo. Por consiguiente, con el trabajo continuado se genera más valor económico, que se manifiesta en las materias, productos, mercancías, derechos y servicios.

A través de la actividad económica las personas se representan por rentas de poder adquisitivo con la capacidad de disponer de ingresos por salarios, sueldos, márgenes de liquidez, utilidades (beneficios) empresariales... De este modo, por medio de las rentas activas se incrementa el patrimonio de unas personas frente a otras con el desarrollo de sus funciones de responsabilidad o solo con tareas encomendadas, dando pie a la cuota de capital, a la masa de capital y a sus plusvalías.

La economía representa los bienes, derechos y servicios de los que se dispone, desde activos fijos a activos circulantes, que en los balances se muestra en los asientos por masas patrimoniales, de inmovilizado inmaterial, inmovilizado material, inmovilizado financiero, existencias, realizable, disponible.

Todas las rentas activas tienen su representación en los balances en el DEBE o el

ACTIVO y representan la economía, es decir, la creación de valor económico con el trabajo, con la actividad física e intelectual.

GRÁFICO DEL ACTIVO o DEBE (representación económica)

BALANCE			
ACTIVO (DEBE)			PASIVO (HABER)
ACTIVO FIJO	INMOVILIZADO INMATERIAL	-Fondo de comercio -Aplicaciones informáticas -Patentes -Marcas	
	INMOBILIZADO MATERIAL	-Terrenos -Construcciones -Maquinaria -Mobiliario	
	INMOBILIZADO FINANCIERO	-Inversiones permanentes	
ACTIVO CIRCULANTE	EXISTENCIAS	-Materias primas -Productos -Mercancías	
	REALIZABLE	-Créditos con clientes -Créditos con deudores	
	DISPONIBLE	-Dinero en banco -Dinero en caja	

Fuente: Elaboración propia

Toda la representación económica en activos fijos o circulantes se genera a través de rentas activas, ya sean de trabajadores, empresarios o comerciantes, desde sus estructuras como autónomos, trabajadores por cuenta ajena, empresarios o ejecutivos empresariales que generan una relación del capital con el trabajo en la actividad económica.

Las actividades económicas se desarrollan a través de empresas físicas y jurídicas de carácter privado o público con el objetivo de crear riqueza y mejorar el nivel de vida de las personas según su distribución.

Para desarrollar una actividad económica se necesita la otra parte del balance, el PASIVO o HABER, que representa las finanzas, es decir, los recursos de fondos propios o fondos externos (ajenos) de que se dispone para desarrollar el plan de negocio.

La financiación de un plan de negocio desde los fondos propios es una "financiación sana" que participa de los resultados y generalmente permanece en el negocio cuando hay beneficios y cuando hay pérdidas. Está al servicio de la actividad económica para generar nuevo valor económico. Es una financiación involucrada en las estructuras de las empresas.

GRÁFICO DE FONDOS PROPIOS
(representación del PASIVO o HABER)

BALANCE				
ACTIVO (DEBE)	PASIVO (HABER)			
	-Capital social -Reservas -Resultados de ejercicio	FONDOS PROPIOS	CAPITALES	PERMANENTES

Fuente: Elaboración propia

Las empresas, para desarrollar su actividad, generalmente necesitan de financiación externa (ajena) a largo plazo, y normalmente es una ventaja en la fase de crecimiento económico, ya que aumenta la rentabilidad de los fondos propios, pero se convierte en una desventaja, inconveniente o problema, cuando se produce la crisis. Ya creadas las obligaciones, en muchos casos es imposible cumplir con el pago de las cuotas en su plazo de vencimiento, forzando a reestructurar balances en clara desventaja e incluso forzando a la quiebra y cierre empresarial, convirtiéndose según el caso en una "financiación tóxica" para las personas, familias y empresas.

GRAFICO DE FINANCIACION EXTERNA
(representación del PASIVO o HABER)

BALANCE			
ACTIVO (DEBE)	PASIVO (HABER)		
	-Préstamos a L/P -Proveedores a L/P -Acreedores a L/P	EXIGIBLE A L/P	CAPITALES PERMANENTES
	-Préstamos a C/P -Proveedores -Acreedores -A.T. Acr. -Seg. Social Acr.	EXIGIBLE A C/P	PASIVO CIRCULANTE

Fuente: Elaboración propia

A través de la economía se crean y ponen a disposición de la sociedad los activos para la mejora y el bienestar social. Con la actividad diaria y los avances en los medios de producción y con la especialización se produce valor económico suficiente para atender a las necesidades diarias de las sociedades humanas desarrolladas y con la productividad se generan los márgenes, que en parte representan las utilidades de una empresa y que se pueden reinvertir en la misma o compartir por dividendos entre los socios, propietarios o accionistas.

Hasta aquí todo normal dentro del sistema capitalista de producción y creación de valor económico. Pero hay un hecho de gran importancia en la generación de valor económico que es su "acumulación" y el posterior uso por parte de las finanzas. Este hecho cambia las vidas de trabajadores, empresarios, comerciantes y de todas las personas que viven relacionadas con una renta activa. Actualmente por su volumen y utilización da lugar a una nueva dimensión de relación socioeconómica que amenaza y condiciona las políticas del bienestar social.

Esquematizada la planificación, programación, funciones y tareas de las estructuras económicas para crear valor con la actividad física e intelectual y percibir las remuneraciones por rentas activas, es necesario exponer el escenario de intercambio de los bienes, derechos y servicios en los mercados económicos.

2. EL MERCADO ECONÓMICO

De bienes, derechos y servicios

Los mercados de la economía han evolucionado a nivel internacional y se han globalizado en toda su amplitud hasta el punto de que los precios de las materias, productos, mercancías, derechos y servicios no están regulados por sus costes, ni por la necesidad de la oferta y la demanda en los mercados. En la actualidad están regulados por el sector financiero.

En los mercados los precios se incrementan por tendencias alcistas hasta llegar a una resistencia o disminuyen en tendencia bajista hasta llegar a un soporte.

Los mercados económicos se desarrollan y diversifican para ampliar los beneficios o utilidades empresariales ampliando márgenes al reducir sus costes y gastos e incorporan nuevos medios, técnicas y formas de comercialización. Desde los artesanos a las estructuras empresariales actuales han mediado ciclos económicos y ciclos sistémicos.

Se crean ciclos económicos que tienen fase económica (de crecimiento) y fase financiera (de crisis). Estos ciclos no modifican la estructura del sistema capitalista y en un sentido de interpretación amplio se utilizan para llegar a un agotamiento del mercado.

Los ciclos sistémicos modifican la estructura del sistema capitalista con la comercialización de nuevos productos, nuevas técnicas de producción y venta, nuevos actores que compiten y arrebatan parte del mercado económico a las empresas líderes de cada sector en el mercado.

En consecuencia se abren los ciclos económicos o ciclos sistémicos al comienzo de su fase económica (de crecimiento) y se cierran los ciclos al final de su fase financiera (de crisis). Entonces las crisis no son una casualidad por agotamiento del mercado, son la fase dentro de los ciclos donde las personas que no trabajan se llevan la riqueza que han creado los trabajadores y empresarios con su actividad.

¿Quiénes son estas personas y cómo lo hacen?

En los ciclos económicos y ciclos sistémicos los análisis de mercados desempeñan un papel importante sobre las rentas activas, sobre las empresas y sobre los mercados económicos al analizar los balances, estados financieros y los ratios que dan viabilidad con previsiones de crecimiento económico y beneficios o alertan de posibles problemas de estructuras, liquidez, ventas, etc. en los activos y en los pasivos de los balances y de sus mercados económicos.

En las poblaciones humanas hay diferentes necesidades de materias, productos, mercancías y servicios que están canalizados en los sectores y segmentos del mercado, ofertadas por muchas empresas compitiendo en sus espacios de mercado de activos. En la fase económica (de crecimiento) la supervivencia del conjunto de las empresas es fácil, pero en una fase financiera (de crisis) las dificultades para subsistir, según su grado de endeudamiento, son mayores. En estos casos los problemas no son de su mercado de actividad, son problemas externos que influyen sobre esta, pero según las circunstancias muchas empresas pueden superar una crisis económica y permanecer en su mercado operativo. Otras empresas competidoras en sus respectivos mercados de activos pueden correr diferente suerte si no tienen la fortaleza suficiente para permanecer o adaptarse y reducir su cuota de mercado, reciclarse o agruparse entre sí, pudiendo llegar, en última instancia, a la quiebra y cierre empresarial.

Las causas de estos hechos son las que aquí se pretenden exponer, así como los efectos ocasionados sobre los trabajadores y empresarios y sobre las personas que viven de rentas activas.

A lo largo del tiempo a través de la historia hasta la actualidad, en los sectores tradicionales del mercado económico, la actividad conlleva la competitividad entre las empresas, cada una en su espacio de mercado, así como el crecimiento y diversificación para hacerse más grandes y más fuertes. Con la experiencia adquirida cuando una empresa se convierte en líder en su área y con suficiente soporte y estructura o diversificación para adaptarse a las circunstancias es difícil que sea desplazada de su cuota de mercado. Sin embargo, con los avances técnicos tanto en los nuevos como en los sectores tradicionales del mercado económico los cambios empresariales se producen más fácilmente y en menor espacio de tiempo. La anterior explicación pretende representar la competitividad de las empresas por hacerse líderes en sus respectivos sectores y obtener la mayor cuota de mercado de activos. Pero ahora hay otra estructura por encima de las empresas que determina sus márgenes en el mercado de activos y sus beneficios.

Los adversarios de los empresarios y trabajadores son sujetos con intereses más allá de los competidores entre empresas del mismo sector, es decir, el mercado económico sufre cambios ajenos a su naturaleza y debemos comprender que el mercado de bienes, derechos y servicios ve empujado su crecimiento por las finanzas hasta el máximo, hasta que ya no puede crear más valor económico y luego en la fase financiera (de crisis) el valor económico creado con el trabajo y actividad de trabajadores y empresarios se desplaza a la parte de valor fluctuante, creando sinergias artificiales con intervenciones orientadas a la especulación en los mercados cotizadoscon órdenes de compra y venta, trasladándose hacia productos defensivos y acumulado todo el valor económico posible, que ha sido creado con el trabajo de las personas que viven de las rentas activas. Es decir, desde las finanzas, o más concretamente desde el mercado financiero, se controla el mercado económico de bienes, derechos y servicios o, dicho de otro modo, las rentas pasivas se aprovechan de las rentas activas. Los obreros, trabajadores, empresarios y comerciantes que viven de rentas activas (del trabajo) son explotados por las personas que crean estructuras financieras que viven de rentas pasivas.

GRAFICO DE TENDENCIA ALCISTA (Fase económica)

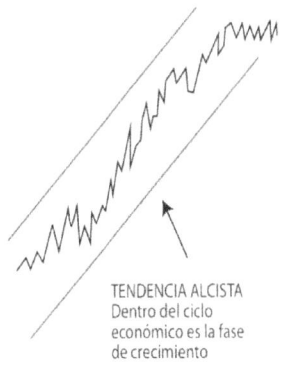

TENDENCIA ALCISTA
Dentro del ciclo
económico es la fase
de crecimiento

Fuente: Elaboración propia

GRAFICO DE RESISTENCIA ALCISTA (fase económica)

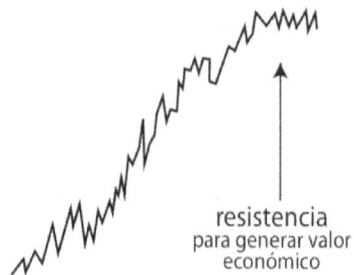

resistencia
para generar valor
económico

Fuente: Elaboración propia

Sobre lo ya expuesto, la economía de libre
mercado se mueve en ciclos, y dentro de los ciclos
tiene una fase económica, de crecimiento, y
después de unos años se agota la capacidad de
crear riqueza económica para dar paso a otra fase
del ciclo, la fase financiera, la crisis. Como he
mencionado anteriormente, debemos comprender
que las crisis económicas son en realidad una parte
de los ciclos económicos, son la parte bajista,
donde se obliga al mercado económico a
contraerse, en la que baja el consumo, baja la
actividad, bajan ciertos precios y los bienes
pierden valor. Por definición, es la fase financiera

de los ciclos económicos. En la fase económica, de crecimiento, sabemos quién se beneficia, las personas que viven de una actividad, del trabajo, que a cambio ingresan dinero (liquidez) que pueden destinar a la compra de sus necesidades de bienes como alimentos,inmuebles, vehículos, muebles, ocio, etc. y obtener mejores servicios. Aumenta o mejora su nivel de vida. Pero es en la fase financiera cuando lo pasan mal las personas que viven de una actividad, del trabajo, (físico e intelectual), de tareas de fábrica o ejecutivas, obreros, trabajadores, intelectuales, empresarios, comerciantes. Es ahí cuando estas personas lo pasan mal... ¡por culpa de la crisis económica!

¿Quién se beneficia?

¿Quién lo pasa bien?

¿A quién puede interesar que aparezca la crisis o que se pase de la fase económica (de crecimiento) a la fase financiera (de crisis)?

Hay quienes se benefician más de lo que podemos imaginar. Las personas que viven de rentas pasivas realizan con las finanzas la política del granjero, siembran y cuidan su cosecha hasta el día de la siega para obtener un beneficio con la comercialización y venta en el mercado de sus bienes y cuando llega el momento vuelven a empezar con otra cosecha hasta cerrar el nuevo ciclo.

Este ejemplo es del mercado económico, del trabajo realizado, pero este mercado no determina las crisis económicas.

¿Quién las determina?

En la economía para aumentar el valor económico se necesita trabajar, en cualquier actividad, ya sea como agricultor, minero, en la fabricación de vehículos, fabricación de ropa, prestando un servicio de profesor, de médico, de bombero, de barrendero, en cualquier sector económico en el ámbito nacional o internacional, como empleado, trabajador, empresario, intelectual, comerciante... Se necesita desarrollar una actividad para obtener un salario o una utilidad (un beneficio) empresarial. Todas estas personas tienen en común que viven de rentas activas.

¿Pero cuándo cambian las condiciones?

¿Cuándo sc rompe la inercia de crecimiento económico?

Para romper el crecimiento económico se necesita el cruce de intereses entre rentas activas y rentas pasivas. Esto sucede cuando a las entidades que viven de rentas pasivas no les interesa financiar a personas o empresas por el destino que puedan dar a los préstamos y créditos. Si el destino es para invertir en activos la financiación sigue, pero si el destino es para financiar el pago de pasivos la financiación se cierra. El cierre de financiación puede afectar a una persona, familia o empresa, y cuando se generaliza en un porcentaje elevado se cierra la financiación de forma general y se termina la fase económica (de crecimiento) y comienza la fase financiera (de crisis). Ante el cambio de fase cabe preguntarse:

¿Cómo es el mercado financiero, en el que no se necesita trabajar para obtener el beneficio?

¿A quiénes ponen a trabajar para ellos?

El cruce de intereses entre rentas activas y rentas pasivas se puede representar a través del hecho de adquirir un activo con el riesgo de una hipoteca que puede semejarse o ser similar a la inversión en renta variable por análisis fundamentales a largo plazo. Si se ha comprado caro el bien puede perder valor y el precio puede bajar considerablemente con relación al precio de compra y si se ha comprado barato (al principio de la fase económica) todo el valor acumulado en los últimos años puede verse reducido o anulado con el cambio de la fase económica a la fase financiera.

Al comprar un activo caro pero sin hipoteca se corre el riesgo de perder valor en el precio pero se anula el riesgo de perder el bien ante la situación de no poder hacer frente al pago de las cuotas de la deuda. No hay cruce de intereses directos entre rentas activas y rentas pasivas. Va en relación al soporte que se pueda tener para aguantar con rentas activas o ahorros y a la necesidad de liquidez; va en relación a la estructura financiera construida desde los fondos propios o financiación externa.

Las rentas activas son producto del trabajo.

¿Y las rentas pasivas?

¿De dónde obtienen el beneficio?

Las complejidades económicas que provocan la extracción, producción y venta de los bienes, derechos y servicios entre las empresas competidoras a sus diferentes escalas en sus sectores de mercado de activos no son las que determinan los tiempos de las fases de crecimiento y crisis o la creación de los ciclos económicos y ciclos de sistema.

Al comienzo de los ciclos, con los precios creados en un soporte económico, interviene la oferta y la demanda, que da pie a un crecimiento y, llegado este momento, con los informes de crecimiento de las agencias de calificación de riesgo, este es impulsado por las inversiones de las rentas pasivas que llevan los precios hasta lo más alto posible, hasta una resistencia como techo para seguir creando valor económico, y a la saturación y a su posterior decadencia o crisis.

Las dos fases de los ciclos económicos, alcista (de crecimiento económico) y bajista (de crisis económica) se desarrollan frecuentemente entre ocho y diez años.

Se abre y cierra el ciclo económico intervenido por los intereses financieros de los actores de las rentas pasivas.

GRÁFICO DEL CICLO ECONÓMICO

resistencia
para generar valor
económico

SOPORTE económico
La economía
comienza a crecer
sin las finanzas (sin
créditos y préstamos)

Fuente: Elaboración propia

Las finanzas intervienen con la gran variedad de productos financieros y estructuras financieras para aprovecharse día tras día del valor económico creado con la actividad y con el trabajo. De este modo se ha valorado el mercado bursátil por su capacidad de crecimiento.

Los ciclos sistémicos se desarrollan en plazos más largos y variables, muy frecuentemente entre 60 y 80 años, aunque con los desarrollos tecnológicos tienden a acortarse los plazos.

Intervienen la oferta y la demanda, el desarrollo de nuevas tecnologías, productos, mercancías y nuevos competidores en el mercado.

GRÁFICO DEL CICLO SISTÉMICO

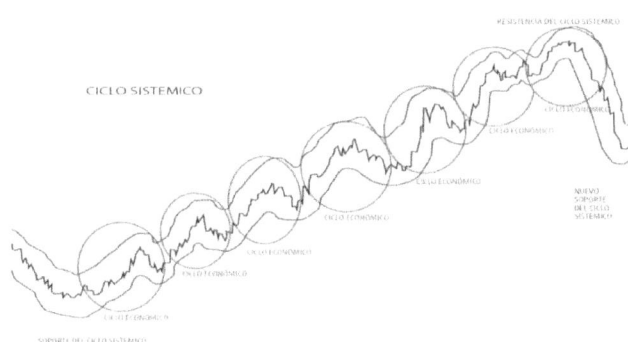

Fuente: Elaboración propia

En la economía y el mercado económico de bienes, derechos y servicios se cruzan intereses contrapuestos de personas que viven de una actividad, de su trabajo, desarrollado en las estructuras de las empresas que, según su rol social (de obreros, trabajadores), se enfrentan a los intereses de los empresarios. Pero aunque son adversarios se necesitan y colaboran en el desarrollo de funciones y tareas de trabajo. Los obreros, trabajadores, empresarios y comerciantes viven de rentas activas, de su trabajo. Los trabajadores y los empresarios colaboran para crear valor económico, son intereses contrapuestos pero ambos se benefician del mismo mercado de activos.

Todas las personas se benefician de una parte del valor económico creado con el trabajo, pero hay grupos que exigen mayor libertad en los mercados, cambiar las reglas de los mercados, pero... ¿Qué son los mercados? ¿Por qué exigen libertad de capitales en el mercado de bienes, derechos y servicios?

Del valor económico creado con el trabajo, ¿cuánto queda en manos de las personas que viven de una actividad, en manos de los trabajadores y empresarios?

¿Y cuánto valor económico se desplaza a manos de financieros, que viven de rentas pasivas?

3. LAS FINANZAS

Las finanzas han sido convulsas según su época hasta llegar a la actual situación de complejidad con sus diversas estructuras, donde son determinantes al convertirse en un todo y hacer que la humanidad esté a su servicio. Es decir, acorde a cada situación, las personas, las empresas, los países y estados, en su conjunto estamos creando con las rentas activas enormes beneficios a las rentas pasivas.

Las finanzas se diferencian de la economía en que no son rentas activas, no son rentas del trabajo creadas con una actividad física o intelectual, no se trabaja para ganar dinero como en la economía. Se pone el dinero a trabajar para obtener beneficios, son rentas pasivas, son rentas del capital invertido y de las estructuras y productos financieros para crear obligaciones de pasivos a corto y largo plazo; es el capital exigible como deuda contraída.

¿Quién desarrolla las finanzas? ¡Los inversores! Actualmente los grupos de grandes inversores.

Los empresarios invierten en economía para permanecer con sus empresas en el mercado, no crean una empresa pensando en la salida del mercado, crean una empresa para permanecer y captar la mayor cuota de mercado posible y obtener el mayor valor económico en utilidades.

Los inversores no invierten con la idea de permanecer en las empresas siempre, sino solamente cuando se generan beneficios para luego abandonarlas cuando estos desaparezcan.

En la economía hay empresarios que desarrollan planes de negocios para crear valor económico y aumentar la riqueza que, según su distribución, beneficia en mayor o menor medida a la población en general.

En las finanzas hay inversores que estudian los negocios capaces de crear valor económico para invertir su dinero.

Los empresarios invierten pensando en la entrada y la permanencia en el mercado.

Los inversores invierten pensando en la salida del mercado.

Los empresarios invierten en activos (bienes, derechos y servicios).

Los inversores invierten en pasivos (obligaciones, estructuras y productos financieros).

Los empresarios procuran permanecer en el mercado durante todo el ciclo económico, en fase económica (crecimiento) y en fase financiera (crisis).

Los inversores permanecen en el mercado en la fase económica (crecimiento) del ciclo económico, en la fase financiera (crisis) se van con los beneficios a otros valores defensivos o a derivados en corto o, en el caso de los grandes inversores, a crear programas de alta rentabilidad, *Private Placement Programs* (PPP) para atacar a la economía y llevarse la mayor parte que puedan del valor económico creado con la actividad, con el trabajo, en la fase económica (de crecimiento).

En los balances de contabilidad la actividad de los empresarios es la de crear y aumentar los activos, bienes y derechos y aumentar el patrimonio neto.

En la representación de los balances de contabilidad los inversores financian, crean pasivos, obligaciones, para llevarse los intereses en la fase económica (de crecimiento). Posteriormente intervienen sobre los mercados en la fase financiera (de crisis) con inversiones en cortos (ventas) para exprimir los precios que han llegado a máximos, en resistencias, y quedarse con todo lo que puedan del valor económico que representan los activos hasta llevarlos a soportes económicos.

En los mercados bursátiles, los grandes inversores crean estructuras y productos financieros para llevarse los beneficios en la fase económica (de crecimiento) y también en la fase financiera (de crisis).

La diferencia es clara, el obrero y empresario trabajan para ganar dinero. El inversor pone el dinero a "trabajar" con el objetivo de especular para su beneficio a través de las estructuras y productos financieros. Son contrarios, por un lado están los que viven de rentas activas, de trabajar, y por otro los que viven de rentas pasivas, de aprovecharse del valor económico creado con el trabajo.

GRÁFICO DEL PASIVO o HABER (Representación financiera)

BALANCE			
ACTIVO (DEBE)	**PASIVO (HABER)**		
	-Capital social -Reservas -Resultados de ejercicio	FONDOS PROPIOS	CAPITALES PERMANENTES
	-Préstamos a L/P -Deudas a L/P -Proveedores a L/P	EXIGIBLE A L/P	
	-Préstamos a C/P -Deudas a C/P -Proveedores -Acreedores -Seg. Social Acr. - A.T. Acr.	EXIGIBLE A C/P	PASIVO CIRCULANTE

Fuente: Elaboración propia

La financiación con inversiones en la participación de los fondos propios, según he mencionado, es una financiación colaboradora en los negocios, es una financiación no exigible.

La financiación exigible a corto y largo plazo por préstamos y créditos, según he mencionado, se puede convertir en una financiación tóxica para el negocio, de tal forma que a largo plazo en uno de los ciclos económicos no se pueda cumplir con el pago de las cuotas de las obligaciones.

El riesgo de la financiación a largo plazo puede ocasionar y ser el motivo de una quiebra empresarial más fácilmente que el riesgo de la competitividad del mercado económico de bienes, derechos y servicios.

Las estructuras financieras actuales representan grandes masas de valor económico y están diseñadas para obtener más riqueza por especulación de sus inversiones que nunca anteriormente.

La capacidad de penetración en el mercado de activos que tiene el sector financiero a través de las estructuras de la banca comercial, financieras, capital privado, con el diseño de las gestiones para facilitar el endeudamiento a corto y largo plazo con préstamos y créditos, la gestión de domiciliación de pagos, prestación de servicios y las gestiones de captación de los ahorros, etc., ha conseguido que las estructuras económicas de las rentas activas cediesen el control del mercado a las rentas pasivas.

¿Pero cómo llegan a tener el control de la economía?

¿Con qué productos financieros?

Con la disponibilidad de gestión y penetración de grandes cuotas de mercado:

- Estructuras y productos de deuda de todo tipo de emisión

- Domiciliación de cobros y pagos

- Estructuras y productos de todo tipo de ahorro

- Estructuras y productos de todo tipo de inversión

Según la distribución del mercado financiero:

- Para las personas: tarjetas de crédito o débito, préstamos, créditos, para la compra de objetos personales, motos, coches, muebles, reparaciones, vacaciones, hipotecas para viviendas y otros inmuebles, etc. Domiciliación de cobros y pagos y los productos financieros para el ahorro e inversión.

- Para las empresas: préstamos y créditos, leasing, *renting*, *factoring*, pólizas, préstamos hipotecarios para promociones, para proyectos y otros.

Es importante mencionar que este tipo de financiación no entra en los fondos propios de las pequeñas y medianas empresas, es decir, no gana cuando las empresas tienen beneficios y pierde cuando las empresas tienen pérdidas, sino que entra en los balances de las empresas como deuda. Ganen o pierdan, las empresas tienen la obligación de pagar las cuotas de los créditos. Y también se pone en sus manos el dinero que no se gasta para que nos den algunos intereses con sus productos financieros para el ahorro e inversión.

- Y para los países: la financiación a través de inversiones en las emisiones de deuda pública, etc.

Su objetivo es el de facilitar liquidez a las personas, empresas o países de acuerdo a su aporte de garantías de valor económico para garantizar el pago del principal e intereses. También pretenden captar la masa de operativa financiera, facilitan servicios con domiciliaciones de recibos, facturas, transferencias, así como cuentas de ahorro, planes de pensiones, facilitando la inversión en fondos, acciones, ETFs, seguros de vida, etc.

Generalmente estas funciones se desarrollan a través de la banca comercial y financieras, con estructuras para facilitar deudas (el endeudamiento financiero), servicios, productos financieros para los ahorros e inversión a las personas y empresas que viven de rentas activas. Es la estructura financiera visible para las personas que viven de una actividad, trabajadores, empresarios, comerciantes de bienes, derechos y servicios.

Pero el sector financiero tiene estructuras que no son visibles a las rentas activas en los mercados financieros, que oscilan y operan entre los soportes y resistencias en sectores, subsectores, segmentos, nichos, en países desarrollados o emergentes capaces de desviar el valor económico creado con la actividad a las cuentas bancarias de una élite de grandes inversores que son los poderes del actual sistema capitalista, superando, en relación a su época, al poder de los faraones egipcios, césares romanos, reyes monárquicos o dictadores militares. En los tiempos de hoy, los grandes inversores tienen capacidad de disponer de planes de alta dirección para planificar y programar las tendencias de los mercados y en consecuencia tener en sus manos el valor económico generado día tras día con el trabajo.

4. EL MERCADO FINANCIERO

De obligaciones, estructuras y productos financieros

Los mercados financieros actúan en todos los niveles de actividad económica y se han desarrollado a tan alto nivel que controlan todo el mercado de bienes, derechos y servicios a través de estructuras y productos financieros con una gran diversidad y modalidades de emisiones de deuda, ahorro e inversión.

Se apoyan en los análisis de mercados a través de las agencias de calificación de riesgo o *rating*, destinados a los grandes inversores sobre los bienes, derechos y servicios. Analizan todo el mercado económico, sus empresas una por una, sus sectores de actividad uno por uno, los países uno por uno, en definitiva la economía a todos los niveles con el fin de detectar dónde hay crecimiento económico y posicionar con las estructuras financieras las inversiones para controlar el mercado y obtener el mayor beneficio posible por rentas pasivas, pero también para advertir cuándo se agota el crecimiento y no se genera valor económico para poner en marcha las estructuras y productos financieros y explotar los mercados económicos en la fase financiera (de crisis).

En los mercados financieros hay productos a la carta para facilitar el endeudamiento, préstamos y créditos, y también productos a la carta para facilitar el ahorro y la inversión. Según las garantías aportadas se puede negociar una financiación, así como, disponiendo de liquidez, el producto financiero más adecuado para el ahorro o la inversión.

Generalmente los trabajadores y empresarios, cuando disponen de ahorros o remanentes de liquidez conseguidos por sus rentas activas, realizan inversiones de mayor o menor cuantía por análisis fundamentales y análisis técnicos.

A otros niveles del mercado se crean productos financieros destinados a los grandes empresarios que, según su perfil, pueden invertir en renta fija o variable, por lo general los *brokers*, entidades o agencias profesionales que realizan inversiones mixtas y diversificadas a través de un amplio abanico de productos financieros, fondos, acciones, EFTs, bonos, divisas, etc. Son inversiones de los ahorros y los remanentes de liquidez de las rentas activas.

A partir de las múltiples inversiones realizadas por los miles y millones de personas que viven de las rentas activas se pueden crear otras estructuras financieras para los actores de las rentas pasivas y crear otros productos financieros derivados, con soporte relativo a las Garantías Bancarias (GB).

Al más alto nivel están unos selectos grupos de grandes inversores con sus estructuras y productos financieros, entre los que cabe destacar los Programas de Alta Rentabilidad, *Private Placement Programs* (PPP), cuya principal característica es su gran volumen, capaces de mover las cotizaciones en los mercados hacia arriba o hacia abajo según sus "megaórdenes" de compra o venta y sus actuaciones decididas por análisis matemáticos desde programas informáticos para este efecto. Los soportes para realizar estos programas pueden ser la demostración de que se dispone de una gran cantidad de valor económico, a través de un elevado volumen de títulos de deuda pública, garantías bancarias (GB), MTN (Medium Term Notes), etc.

La banca comercial no puede realizar directamente los PPP porque beneficiarían a sus accionistas y el objetivo de los PPP no es ese sino beneficiar con importes billonarios a un selecto grupo de personas concretas, los grandes inversores que pagan su gestión a los *traders*.

Además de las fortunas por rentas activas existentes, que por su gran volumen tienen la posibilidad de que les concedan la realización de un PPP en los lugares autorizados, también pueden tener opciones de un PPP entidades (fundaciones, etc.) con enormes fortunas. Pueden realizar estos programas personas o entidades que dispongan de un gran volumen de ciertos activos y un gran volumen de capital que actúe como respaldo de los mismos. Supongamos el siguiente hecho: el presidente de una gran entidad bancaria (un top 10) dispone en el balance de la entidad bancaria de soporte económico para respaldar un PPP con garantías bancarias (GB) que pueden ser compradas con un descuento como un *Sale LeaseBack* ofreciendo liquidez a la entidad bancaria o incluso alquilar las GB por un tiempo determinado remunerando con intereses su alquiler, que serán el beneficio de la entidad bancaria. Una vez que el presidente de la entidad bancaria o la persona que este designe (ejecutivo remunerado) comienza a gestionar los tramites del PPP en los países autorizados y ya con todas las gestiones realizadas, aceptado el mismo y puesto a punto para operar en los mercados cotizados, dada su operativa, se impone por su gran volumen y sus múltiples ordenes de compras o ventas, posibilitando la gran masa de beneficios que rescatan del valor económico creado por las rentas activas. Todo el beneficio se desplaza al lugar de origen del PPP, es decir, a la City londinense, Suiza, etc. Si, por ejemplo, el volumen de las garantías bancarias (GB) fuese de 1 billón, los beneficios anuales podrían ser del 100%, 200% o superiores.

No olvidemos que este producto financiero (PPP) ha sido creado con el soporte económico que dispone de sus clientes la entidad bancaria comercial con los ahorros y las garantías aportadas por los préstamos y créditos (hipotecas, etc.) ¿De dónde proceden esas enormes cantidades de beneficios generados con los PPP?

Por ejemplo, del precio de una vivienda que antes de la crisis se tasó en 300.000 € y al final de la crisis su tasación es de 150.000 €, multiplicado por millones de viviendas y multiplicado por el valor económico de todos los bienes antes de una crisis y su posterior precio al final de la misma. Los beneficios proceden de la actividad económica, se desplaza el valor económico hacia otros productos defensivos o financieros. El precio de la vivienda de 300.000 € es real, pues alguien ha comprado y alguien ha vendido (alguien ha pagado y alguien ha cobrado). Solo queda robarle el valor económico que excede de su precio real, del soporte económico. Para esto están los granjeros de las finanzas, de las rentas pasivas. Siembran cuando hay un soporte económico, en la fase de crecimiento y, cuando se topa con resistencias para seguir creando valor económico, empieza la recogida de la cosecha, la fase financiera, la crisis, hasta exprimir los precios a su soporte económico, a su valor real, de tal forma que la economía pueda funcionar sin nuevos préstamos y créditos del mercado financiero. El valor económico que representa una vivienda con el precio de 300.000 € y la posterior bajada a 150.000 € ha sido traspasado a otros bienes o productos financieros a través de actuaciones sobre el mercado cotizado con productos financieros creados por los grandes inversores. Las actuaciones no son directas sobre el valor económico de un inmueble, sino que se realizan sobre el mercado a través de las cotizaciones sobre activos y las entidades cotizadas para exprimirle el valor económico que representan los precios y, muy especialmente, sobre el medio que simboliza todo el valor económico de un país, "su moneda", para de este modo llevarse, como "beneficio suyo", la riqueza generada en la fase económica, de crecimiento, con la actividad y el trabajo de millones de trabajadores y empresarios. Cabe destacar que los beneficios obtenidos con los megaproductos financieros son destinados a los países de origen de los programas de alta rentabilidad (PPP).

¿Qué impuestos pagan estos megabeneficios obtenidos de explotar los ciclos económicos o ciclos sistémicos de los mercados de bienes, derechos y servicios en sus fases económicas (de crecimiento) y sus fases financieras (de crisis)? Y lo que es peor...

¿Cuántas personas han quedado afectadas económicamente por estas actuaciones financieras?

¿Cuántos obreros y trabajadores han quedado sin trabajo y en la calle por no poder pagar sus deudas?

¿Cuántos empresarios y comerciantes se han ido a la quiebra?

GRÁFICO DE TENDENCIA BAJISTA (Fase financiera)

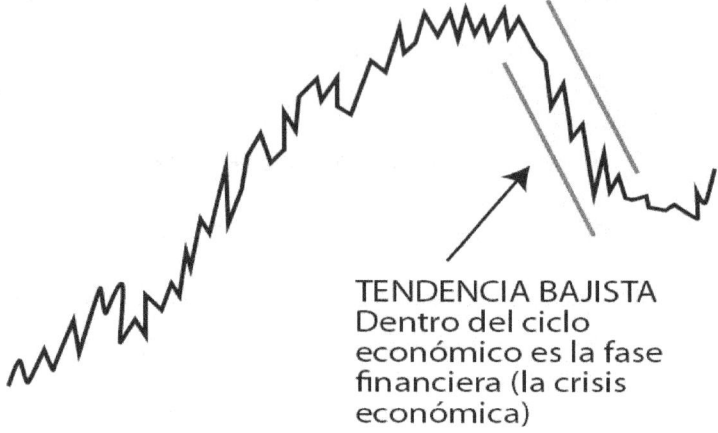

TENDENCIA BAJISTA
Dentro del ciclo
económico es la fase
financiera (la crisis
económica)

Fuente: Elaboración propia

Según el tipo de análisis podemos distinguir las inversiones en los mercados financieros en tres tipos:

- Por análisis fundamentales.

- Por análisis técnico.

- Por análisis matemático.

Las inversiones por análisis fundamentales y técnicos pueden ser realizadas por parte de inversores minoristas y grandes inversores mientras que las inversiones por análisis matemático generalmente solo las pueden realizar con éxito los grandes inversores.

Las inversiones por análisis fundamentales se realizan según los resultados de las empresas cotizadas y demás empresas no cotizadas.

Las inversiones por análisis técnico se realizan según las tendencias de los mercados cotizados representadas en gráficos.

Las inversiones por análisis matemático se realizan con un gran volumen de capital por programas informáticos con órdenes masivas de compra o de venta obligando a los valores cotizados a subir o bajar, que según los casos pueden ser unos céntimos hacia arriba y hacia abajo en movimiento lateral o en tendencia alcista o bajista, desplazando los precios de los valores cotizados a su conveniencia. Sobre el ejemplo expuesto anteriormente, se puede subir el precio del petróleo a más de 150 $ o bajarlo a menos de 40 $ según su conveniencia sin ser la oferta y la demanda ni los costos de producción los que regulen los precios. Estas inversiones nunca pierden, siempre ganan.

¿Pero quién puede crear estas inversiones?

¿Cómo se accede a estos Programas de Alta Rentabilidad (PPP)?

¿Cuánto gana un PPP que represente el volumen de 35.000 millones de dólares o euros apalancado por diez veces, al moverse al alza o a la baja 0,0002 dólares o euros por segundo? ¿Cuánto ganan en una hora?

¿Cuánto ganan en un día?

¿Cuánto ganan en un mes?

¿Cuánto ganan en un año?

¿Quién paga y quién gana estos beneficios?

¿Cómo se crean estos Programas de Alta Rentabilidad (PPP)?

Los Programas de Alta Rentabilidad (PPP) son creados por ciertos *traders* que disponen del estatus financiero necesario a nivel mundial y en compensación les corresponde un porcentaje de los megabeneficios.

Tienen acceso a estas inversiones las personas o entidades de capital privado, banca privada, (megabillonarios), los grandes inversores que disponen de un gran volumen de valor económico y además se apoyan en apalancamientos para potenciar aún más el volumen de las órdenes lanzadas al mercado financiero. La banca de capital privado es la banca más poderosa del mundo y de mayor liquidez. Su operativa está oculta para la inmensa mayoría de personas que viven de rentas activas.

No está permitido realizar estos programas de alta rentabilidad (PPP) en todos los países. Están restringidos a unos pocos inversores, a través de ciertos *traders* y en países determinados. Sin embargo, pueden operar sobre los mercados de todos los valores cotizados del mundo, acciones, fondos, divisas, etc. Además su influencia actúa sobre toda la economía mundial. Se trata de una élite de grandes inversores que permiten estos contratos de programas de alta rentabilidad (PPP) entre ellos mismos. Son los dueños absolutos del destino del mundo. Las personas que viven de rentas activas no conocen los nombres de los grandes inversores. Esta información está restringida a las personas que actúan en el primer nivel de poder en las rentas pasivas. Están por encima de los gobiernos en todos los países. Sean gobernados por partidos de derechas o izquierdas, están obligados a realizar las políticas que les marquen los mercados. Si toca recortar derechos a los ciudadanos, aunque sean prestaciones públicas de las pensiones de las personas mayores, la sanidad o la enseñanza, tienen que hacerlo en el país que sea: Grecia, España, etc., a excepción de China, que más adelante comentaré.

Según el momento del ciclo económico, en caso de una tendencia bajista la actuación de los gobiernos en los estados es la de realizar las gestiones necesarias en los presupuestos de las cuentas públicas para cuadrar los balances y llegar a un soporte económico. En consecuencia la economía empieza a crecer, se acaba la fase financiera (crisis) y empieza un nuevo ciclo, la fase económica (de crecimiento) y vuelven los préstamos y créditos a través de la banca comercial, abren el grifo de las finanzas, vuelve la siembra de los grandes inversores para recoger la próxima cosecha y en contrapartida las consecuencias que conlleva son ya conocidas: hundir a miles y de millones de personas en la miseria. Los grandes inversores son los granjeros de la economía mundial. Al respecto hay que decir que a los gobiernos de izquierdas les cuesta más realizar los recortes presupuestarios, por las consecuencias sociales que conlleva, que a los gobiernos de derechas, que realizan antes los recortes presupuestarios y acortan los tiempos, ejecutan con mayor rapidez los recortes y llegan antes al soporte económico para volver a la fase económica, al crecimiento. Los gobiernos de izquierdas no asimilan bien la fase financiera del ciclo económico, ya que esta choca con las filosofías del bienestar social, entra en conflicto con sus políticas y con sus ideologías. La izquierda que se halla dentro del sistema capitalista no encuentra una salida adecuada a las crisis, a sus políticas, desde la socialdemocracia y con mayor dificultad se encuentra la izquierda más exigente (que está fuera del sistema capitalista). Profundizaré sobre estos temas en capítulos posteriores.

¿Qué pueden hacer los partidos de izquierdas, cuyas políticas están dentro y fuera del sistema capitalista, para evitar que los grupos de grandes inversores sustraigan el valor económico creado con las rentas activas?

Como he mencionado, en este macronivel de inversión juegan un gran papel las agencias de calificación de riesgo con sus análisis de calificación de riesgo económico por sectores y países. Advierten de dónde hay crecimiento para que los grandes inversores coloquen los capitales, estructuras y productos financieros y potencien el crecimiento y posteriormente expriman el valor económico creado con la actividad, con el trabajo.

Es tal la sangría que pueden crear los grupos de grandes inversores que pongo como ejemplo la economía de un país que disponga de suficientes recursos de petróleo para permitir vivir a su población sin realizar actividad, sin trabajar, y sin embargo ese país, aun ingresando riqueza económica con la venta de los recursos del petróleo y con el trabajo, puede tener en la miseria a su población, al no disponer esta de valor económico suficiente para realizar las compras básicas necesarias para vivir. Para concretar este ejemplo hay que explicar, sobre lo ya expuesto, que los recursos naturales de petróleo son un valor económico y se comercializan en el mercado de bienes y derechos; son activos.

Pero cuando entra en escena un comprador, ya sea otro país que demanda petróleo, una compañía de refinería, etc., las finanzas y las rentas pasivas se ponen en marcha a través del mercado de obligaciones, estructuras y productos financieros. Los acuerdos de compraventa de petróleo se firman generalmente a un año, cinco años e incluso más.

Para mantener el acuerdo se necesita conservar el valor del precio en el acto de firma del contrato de compraventa y entran en escena productos financieros que intercambian las veces que sea necesario compras y ventas de la moneda del país que vende el petróleo contra la moneda del comprador, que en el mercado internacional generalmente es el dólar de EE.UU., y equilibran el precio entre las dos monedas para no perjudicar ni a una parte ni a la otra.

Es una transacción justa de petróleo por dinero manteniendo el precio sin perder valor a lo largo del contrato, compensándose en los mercados de divisas ambas partes, las subidas y bajadas de sus monedas.

En la venta del petróleo como recurso económico el país vendedor ingresa valor económico según contrato y precio de mercado. Dispone de valor económico para gestionar según el balance de la compañía vendedora y a través de impuestos a los presupuestos del estado. El importe recibido por la venta del petróleo beneficia a la compañía petrolera, y con los ingresos del estado a través de impuestos por la venta de petróleo se mejoran los servicios públicos y las prestaciones sociales.

Si el país productor de petróleo tiene un gobierno de izquierdas, sea socialdemócrata o más de izquierdas, destinará gran cantidad de los recursos económicos recaudados al bienestar social. Pero estas políticas de bienestar social pueden truncarlas desde el sistema financiero los grandes inversores ya que su ideología es conservadora o ultraconservadora o, dicho de otro modo, de derecha o extrema derecha. Las políticas de los gobiernos de izquierdas en países que dispongan de grandes recursos económicos son neutralizadas por los grandes inversores a través de desgastes presupuestarios de las cuentas públicas con actuaciones sobre los mercados cotizados de divisas, etc.

El valor económico recaudado por los estados y todo el valor generado con la actividad económica y con el trabajo, con la comercialización de recursos naturales, etc. está representado por la moneda del país.

En la exposición anterior, para mantener el precio de compraventa de un contrato de petróleo, se ha actuado sobre las monedas de cada país con el objetivo de conservar el poder adquisitivo.

Se pueden realizar transacciones entre monedas sin mediar el hecho de compraventas de materias naturales, materias primas, productos, mercancías, derechos o servicios. Entonces se puede comprar y vender entre dos monedas las veces que se quiera en los mercados de divisas para obtener un beneficio económico especulativo. Por ejemplo, supongamos que un gran inversor, a través de una fundación, dispone de capital por importe de 30.000 millones de dólares, que los ha invertido en deuda de los EE.UU. y consigue que le acepten un programa de alta rentabilidad (PPP) con un importante apalancamiento del 100%o 200% y la otra divisa representa el valor económico que dispone el otro país con el cual se crea el par de divisas en el que al operar las dos monedas se impondrá por volumen la moneda del PPP arrastrando a la otra moneda a perder *pips* y céntimos en cada orden de compra y venta enviada al mercado de divisas con subidas y bajadas continuas perdiendo en estas transacciones gran parte de su valor económico al ser realizadas miles de veces las órdenes de compra y venta, debilitando la economía del país contra el cual se opera y obligando a devaluaciones y a crear inflación porque su moneda cada vez representa menos valor económico y a la par las consecuencias que pueda tener sobre las políticas progresistas para crear el bienestar social desde un gobierno de izquierdas. De este modo se han limitado los recursos económicos de un país, con actuaciones especulativas en el mercado de divisas.

Expondré otro ejemplo: desde Gran Bretaña, con su moneda, la libra esterlina, en la City londinense se crea un PPP para actuar sobre el euro, que representa el valor económico que se genera con la actividad y el trabajo en todos los países que disponen del euro en la UE. Los grandes inversores que han creado el PPP desde la City londinense se llevan toda la riqueza que pueden y que ha sido creada con el trabajo en los países de la zona euro, forzando a las economías a resistir la presión para mantener el bienestar social.

¿Cuánto aporta cada país de la zona euro a los beneficios del PPP creado por los grandes inversores en la City londinense?

Los países más ricos, con mayor valor económico, aportan más al euro y son los más perjudicados por las especulaciones de los grandes inversores. En consecuencia...

¿Qué es el mercado financiero de obligaciones, estructuras y productos financieros?

¿Sobre quién influye?

¿Sobre la economía?

¿Sobre el mercado económico de bienes, derechos y servicios?

¿Sobre las finanzas?

Las estructuras y productos financieros de los grandes inversores influyen como líderes de los mercados sobre todo: economía, mercado económico, finanzas, mercado financiero.

Pero actualmente los grupos de grandes inversores tienen un competidor que amenaza y recorta espacios y volúmenes de mercados.

SEGUNDA PARTE

LAS SOCIEDADES HUMANAS Y LAS POLÍTICAS

5. RENTAS ACTIVAS

Las sociedades avanzan con la actividad, con nuevos descubrimientos y técnicas, con la especialización, nuevas formas de comunicación, organización, producción, ventas, marketing, y un largo etc. Me refiero a la economía y su mercado de bienes, derechos y servicios. Con la actividad, con el trabajo, se mejora el nivel de vida de las personas en general. Sin embargo las compensaciones económicas recibidas por las personas pueden ser muy desiguales según su rol social en la estructura económica, con funciones de alta dirección, responsabilidades intermedias o tareas encomendadas, según el caso, si es un trabajador que recibe un salario a cambio de un tiempo trabajado o un empresario que por la dirección, los medios de producción y el fondo de comercio obtiene unas utilidades con la venta de sus materias, productos, mercancías, derechos o servicios, según su mercado operativo. El trabajador ofrece su fuerza de trabajo en el mercado económico a quien la pueda necesitar según sus conocimientos y experiencia durante los años para trabajar a cambio de un salario. El empresario, al estar expuesto al mercado de activos, puede aumentar el valor económico y su riqueza, disminuir el valor económico y su riqueza o incluso llegar a la quiebra empresarial. Lo expuesto quiere decir que la relación no es igual para todas las empresas y cada una se apoya en su gerencia, estructura y sus balances para generar nuevo valor económico en su mercado operativo.

En esta relación de actividad, producción y mercado de activos del sistema capitalista se desarrollan las políticas de clases sociales entre las derechas y las izquierdas. Los intereses son contrapuestos ante el valor económico generado con el trabajo y la actividad. Su reparto entre trabajadores y empresarios puede tener diferente interpretación según la ideología. En general, se puede decir que del valor económico creado con la actividad empresarial, si aumentan los salarios de los trabajadores disminuyen las utilidades de los empresarios y, por el contrario, si aumentan las utilidades de los empresarios los trabajadores reciben menos de lo que les correspondería por el valor económico generado o producido con el trabajo en un momento determinado. Aunque tienen intereses contrapuestos los trabajadores y empresarios se necesitan mutuamente, según he mencionado anteriormente, ambos se benefician de la actividad, del trabajo, de la generación de nuevo valor económico, independientemente de lo justo que pueda ser su reparto. Ambos viven de rentas activas.

6. RENTAS PASIVAS

Con el paso del tiempo los mercados económicos han incorporado actores financieros con intereses contrarios a los trabajadores y empresarios.

Entran en escena las finanzas y los mercados financieros, los inversores, actualmente los grupos de grandes inversores, que viven de las rentas pasivas y los beneficios del capital especulativo.

Los grandes inversores utilizan grandes volúmenes de valor económico para la inversión y para obtener sumas muy considerables por rentas pasivas, al mismo tiempo condicionan la capacidad de disponer del valor económico a los trabajadores limitándolos a permanecer con su rol en la clase baja. A partir de esas condiciones, para superar las barreras creadas, se necesita un gran sacrificio personal. Se tropieza con las estructuras financieras que condicionan los mercados económicos a todos los niveles.

Los grupos de grandes inversores se apropian, en los mercados financieros en sus ciclos y en sus fases, de todo el excedente de la producción para mantener el nivel de vida de las personas en cada país a nivel mundial, del crecimiento de una empresa, del crecimiento de un sector o del crecimiento del conjunto de un país.

Del total de la productividad en la actualidad solo repercute un porcentaje del valor económico generado para las rentas activas, el resto del valor económico generado se desplaza en los mercados financieros para beneficiar a las rentas pasivas.

7. MERCADOS

En etapas anteriores a la situación actual de los mercados económicos y financieros dominados por los grandes inversores, las personas que vivían de rentas activas mandaban en los mercados económicos y en la estructura de precios y en consecuencia su nivel de vida se incrementaba según el grado de producción, productividad, márgenes de los precios, que en ciertos momentos han sido muy elevados para los empresarios por sus utilidades y también para los trabajadores por cuenta ajena que disponían a través de un salario de valor económico para cubrir sus necesidades diarias y de un porcentaje sobrante (hoy los salarios de los trabajadores están más limitados). Así el crecimiento económico repercutía directamente en el nivel de vida de las personas con rentas activas a través de las políticas económicas de los estados en general y concretamente sobre las políticas keynesianas.

En esos momentos, a nivel social, la lucha de clases representaba las políticas e ideologías con gran intensidad porque los trabajadores veían las caras de los empresarios que mandaban en los mercados económicos y cómo se explotaba de forma directa en el proceso de trabajo para obtener una plusvalía, la cuota de ganancia y la masa de ganancia en escenarios del capitalismo de la revolución industrial y sus largas fases económicas (de crecimiento).

Hoy los que mandan explotan los mercados económicos y financieros y los perjudicados no son solo los trabajadores por cuenta ajena, también son los autónomos y empresarios pequeños y medianos que no disponen de estructuras financieras en sus organizaciones, diferenciando a las grandes empresas que están cotizadas en los mercados financieros que disponen de un trato distinto por su influencia en sus respectivos sectores operativos.

En consecuencia, se genera la disyuntiva entre los partidarios de que la economía y el mercado económico estén dirigidos por los estados o los partidarios de que la economía y el mercado económico estén dirigidos por los mercados.

Puede dar la impresión de que en los mercados es donde todos tienen participación libremente y nadie tiene el control. La realidad es que los mercados están plenamente controlados por los grandes inversores.

8. VALOR ECONÓMICO

En la economía, para realizar compraventas o transacciones de activos, se representa el valor económico con la moneda en cada país, que valora sus recursos económicos y la capacidad de generar riqueza con la fuerza de trabajo e intelectual, controlando sus costes y gastos y la necesidad que existe entre la oferta y la demanda en el mercado económico.

Los mercados económicos han creado márgenes y la capacidad de ahorro con las rentas activas, que han concentrado valor económico en grandes masas de liquidez. Generalmente estos recursos han sido canalizados a través de la banca comercial y han sido puestos en manos de sus ejecutivos para utilizarlos según considerasen con su gestión, y estos han dado pie a la creación de arquitecturas financieras y a nuevas fortunas por rentas pasivas de los grupos de grandes inversores que mandan en los mercados económicos a través de su operativa en los mercados financieros.

Hoy en día la creación de riqueza es más elevada que nunca y en la fase económica ofrece posibilidades a las personas que viven de rentas activas de aumentar su nivel de bienestar, pero estas personas, en la fase financiera, en la crisis, pueden verse seriamente perjudicadas por las decisiones de los grandes inversores.

En el mercado financiero una divisa representa y tiene un valor de cotización porque su economía dispone de riqueza y capacidad de aguantar las oscilaciones de precios en los mercados cotizados.

Los grandes inversores, cuando especulan en los mercados de divisas, atacan el valor económico que dispone la población del país representado con su moneda, obtienen sus beneficios a costa de la riqueza económica que generan las personas que viven de rentas activas.

¿Cómo permitir a los trabajadores mantener el margen del poder adquisitivo de sus salarios y a los empresarios pequeños y medianos mantener el margen de beneficios empresariales, mantener y potenciar la sociedad del bienestar social sin la especulación de los grandes inversores especialmente en la fase financiera?

9. SOPORTES Y RESISTENCIAS

Podemos volver a preguntarnos:

¿Por qué en plazos cortos de tiempo suben mucho los precios?

¿Por qué en plazos cortos de tiempo bajan mucho los precios?

¿Cómo se forma la estructura de los precios en los mercados económicos?

Los soportes de los precios dan fuerza al mercado económico y las resistencias de los precios dan debilidad al mercado económico. Cuando la actividad económica está apoyada en las finanzas de los grandes inversores, con las deudas contraídas favorecen sus rentas pasivas. En soportes económicos representados con precios bajos, los grandes inversores no tienen fuerza, su mercado financiero influye poco sobre la economía.

En resistencias económicas los precios tienen mucha fuerza y los grandes inversores, con su mercado financiero, presionan para agotar la fase económica (de crecimiento) porque hemos contraído con ellos deudas, préstamos y créditos y quieren aprovecharse del gran valor económico creado con la actividad, con el trabajo.

Cuando el mercado económico tiene los precios de las viviendas en 150.000 € (según el ejemplo anterior en soportes económicos) los grandes inversores no tienen fuerza para exprimir más los precios porque la productividad aguanta el nivel económico, el poder adquisitivo. Pero pueden seguir debilitando los soportes económicos a través del mercado de las divisas robando el valor económico a las rentas activas.

Cuando el mercado económico tiene los precios de las viviendas en 300.000 € (según el ejemplo anterior en resistencias económicas) los grandes inversores tienen mucha fuerza para exprimir los precios porque hay mucho valor económico representado en las viviendas sin soporte de productividad (sin soporte económico). Parte del valor de los precios es la cosecha de los grandes inversores y cuando llega el momento la reclaman, cierran el grifo de los préstamos y créditos creando las crisis.

Si los precios de las viviendas suben de 150.000 € a 300.000 € sin apoyarse en el sistema financiero de los grandes inversores (en sus préstamos y créditos) y si el sistema financiero está en manos de las rentas activas a través de la acumulación de ahorros, creando un sistema financiero para apoyar la economía, el precio de las viviendas en 300.000 € se convierte en el nuevo soporte económico. La acumulación de valor económico se representa a través de los bienes, los derechos y los servicios. Las rentas activas tienen un valor real en el precio de las viviendas en 300.000 €. A los grandes inversores les queda el mercado de las divisas para robar el valor económico a las rentas activas y debilitar el soporte de los activos (de las viviendas, etc.).

China crece y crece con nuevos soportes económicos porque los grandes inversores no pueden robarles el valor económico.

Si un país está gobernado por un partido de izquierdas con planteamientos políticos fuera del sistema capitalista, podrá resistir bloqueos del mercado económico y permanecer en soportes bajos de bienestar social apoyado por una baja productividad. Lo que no podrá resistir el gobierno de ese país es que se abra el mercado económico y aumente el bienestar social apoyado en el sistema financiero de los grandes inversores. Le crearán un gran bienestar social y luego una gran crisis que hará al partido del gobierno perder el poder.

¿El mercado económico en soportes en manos de quién está?

¿El mercado económico en resistencias en manos de quién está?

¿Cómo se pueden cambiar las condiciones para escapar al control de los grandes inversores, de su sistema financiero?

10. MÁRGENES ECONÓMICOS Y MÁRGENES FINANCIEROS

Del valor económico creado con el trabajo...

¿Cuánto queda en manos de las personas que viven de una actividad económica o del trabajo y cuánto valor económico es desplazado a las cuentas bancarias de los grandes inversores, que viven de rentas pasivas? Este es el gran problema actual.

¿Qué margen queda disponible para las rentas activas, si obligan a andar a la carrera para sobrevivir económicamente a los autónomos, empresas pequeñas y medianas y especialmente a los trabajadores por cuenta ajena? Así nadie está seguro con su actividad económica y trabajo cuando los mercados presionan para que los gobiernos en cada país recorten los derechos de los trabajadores, para que ofrezcan más facilidad del despido libre, contratos de trabajo más eventuales y menos contratos fijos, para que las pensiones públicas por jubilación sean más deficitarias y haya cada vez menos servicios públicos y más privados, etc.

Los grandes inversores obligan a que los costes por prestaciones y servicios públicos y costes por rentas activas sean los mínimos posibles para ampliar el margen a las rentas pasivas, ampliar el margen al mercado financiero, para desembarcar con su gran liquidez en la fase económica (de crecimiento) sobre los mercados económicos y garantizar unos amplios márgenes en los precios para obtener amplios beneficios.

Desde la opacidad los grandes inversores, exprimiendo a los mercados y reduciendo los márgenes operativos, consiguen una complicidad ideológica por parte de muchas personas que viven de rentas activas contra las políticas de los estados. Los autónomos, pequeños y medianos empresarios, en muchos casos se ven en la disyuntiva entre poder subsistir con su actividad o desaparecer de su nicho de mercado económico, porque las ventas y márgenes pueden no ser suficientes para mantener los costes y gastos de su actividad en todo el ciclo económico.

A los trabajadores, autónomos y empresarios pequeños y medianos que viven de rentas activas expuestas a los mercados económicos, ¿qué les beneficia o perjudica más?

¿Las políticas de los estados que gravan sus rentas con los impuestos?

¿O las políticas de los mercados que gravan sus rentas con la reducción del valor económico y de los márgenes de los mercados económicos?

11. ARQUITECTURA FINANCIERA

Los grandes inversores han creado estructuras con los productos financieros derivados y una planificación y programación desde su origen, a través de los mercados financieros; disponen de toda la estructura necesaria para explotar a las personas que viven de rentas activas (de su trabajo) sean trabajadores o empresarios. Disponen de estructuras y productos financieros, es decir, de la arquitectura financiera creada en lugares opacos (los paraísos fiscales) y la han desarrollado hasta tal punto que mandan en la economía a nivel mundial, pero no conocemos el importe de las fortunas ni el nombre de los ricos por rentas pasivas.

¿Hasta dónde pueden llegar las arquitecturas financieras creadas en los paraísos fiscales? Pueden afectar a la mayoría de los bolsillos de los consumidores o ciudadanos. Los grandes inversores y sus *traders* son especialistas en crear estructuras y productos financieros y poner a trabajar los recursos conseguidos con la adquisición de cuotas de mercado, por ejemplo, una importante marca de tarjeta de crédito y débito con gran penetración de mercado y un gran fondo de comercio, que cobra su comisión por su utilización y hace transacciones millonarias diariamente con su origen y estructura financiera en un paraíso fiscal, comercializada por los bancos comerciales, hace participar a los consumidores o ciudadanos de un producto financiero que tienen en su bolsillo y por la ley de doble imposición no paga impuestos en el país de destino y no paga impuestos o estos son mínimos en su país de origen. Es un ejemplo de hasta dónde pueden llegar las estructuras y productos financieros creados en los paraísos fiscales. Se podrían poner otros muchos, creación de fondos de inversión, o la creación de estructuras societarias de grandes empresas con partícipes de consejos de administración y dirección creados con nombres jurídicos en paraísos fiscales, etc. En esta situación los paraísos fiscales son fuente de liquidez para la banca comercial y grandes empresas. Estos ejemplos son parte del sistema financiero que exige liberar el mercado económico, es decir, recortar los derechos a las personas, los derechos de los estados del bienestar social, liberar el mercado de trabajo con actuaciones sobre los derechos de los trabajadores, etc.

Expongo la pregunta siguiente: ¿Cómo se consiguen frenar estas políticas de los mercados dirigidas por los grandes inversores?

12. ESTRUCTURA FINANCIERA

Los que especulan con productos financieros creados en paraísos fiscales, es decir, los grupos de grandes inversores, no participan del pago de impuestos y a sus bolsillos va a parar la mayoría del valor económico generado en la fase económica, especialmente cuando estos deciden que empiece la fase financiera. Las políticas complementarias que se enfrentan son los planteamientos de izquierdas para conseguir la sociedad del bienestar social, que entre otras medidas en sus programas electorales se basan en subir los impuestos a los ricos por rentas activas que disponen de infraestructuras económicas y, a mi humilde entender, actualmente no consiguen crear una sociedad más justa, porque hoy en día no son decisivos en el sistema capitalista los ricos por rentas activas. Solo serían de decisivos si se cruzasen sus intereses con los de las grandes finanzas y obtuviesen el rol de grandes inversores. Son estos los que determinan los tiempos en los ciclos económicos y sistémicos y sus fases, económica y financiera.

Tal como está montado el sistema, a los grandes inversores no se les pueden tocar sus beneficios, porque sus estructuras financieras están creadas en lugares y países que tienen el secreto bancario incluido en sus leyes, en su constitución, y en estos países los impuestos son mínimos o cero.

Si no se les puede gravar con los impuestos actuales ni subírselos ni crearles nuevos impuestos y si sus estructuras financieras están creadas en paraísos fiscales, si no se puede saber los beneficios que han obtenido cada año por rentas pasivas y son los que mandan en el mercado económico y financiero, ¿qué se puede hacer para que no sigan explotando a las personas que viven de rentas activas?

Depende del país y de su soporte económico, del mercado de bienes, derechos y servicios, de las finanzas y del mercado de obligaciones, estructuras y productos financieros; todo esto junto resultará en la solución o el fracaso de las políticas de los gobiernos en cada país.

13. LUCHA DE INTERESES FINANCIEROS

La crisis financiera que ha comenzado en torno a 2008 ha arrastrado a la economía de países, empresas, familias y personas a perder mucho valor a nivel mundial. En el caso de la Unión Europea amenazaba con hacer caer a sus países como fichas de dominó, uno tras otro. La contención de la crisis se ha logrado a través de acuerdos para evitar la quiebra de más países y entran en escena en la UE las estructuras financieras para proteger las economías de la zona euro. En este caso el acuerdo ha sido representado por la nominación de un presidente de la UE luxemburgués a lo cual se han opuesto los intereses de las estructuras financieras de la City londinense, que como consecuencia ha traído en primer término la reducción de la aportación económica y la posterior salida de Gran Bretaña de la UE. Las diferencias entre los representantes de Gran Bretaña y los representantes de la UE no han sido ideológicas, pues la lucha de intereses era entre conservadores; los motivos han sido las luchas por apropiarse del valor económico que fluctúa en la zona euro generado con las rentas activas. En contrapartida los intereses financieros por rentas pasivas de la City londinense han jugado sus cartas y ganado el referéndum del Brexit y las consecuencias sobre las rentas activas de Gran Bretaña están aún por verse.

¿Qué pasaría si la UE exigiese al actual poder financiero en la zona euro, a Luxemburgo, que publicase el nombre de las personas y el importe de las fortunas que tienen las estructuras financieras en su país? La respuesta está clara: Luxemburgo saldría de la UE como lo ha hecho Gran Bretaña por sus motivos financieros.

Es tal el poder financiero de los grandes inversores sobre los mercados que actúa en un nivel superior a las políticas de los estados.

14. MERCADO ECONÓMICO Y FINANCIERO

Lo expuesto anteriormente deja claro que hay un mercado económico de bienes, derechos y servicios de rentas activas que paga impuestos en su país de origen, donde conocemos a los ricos y el importe de sus fortunas y hay un mercado financiero de obligaciones, estructuras y productos, que genera rentas pasivas y que se planifica a gran escala en los paraísos fiscales, que no paga impuestos o estos son mínimos y de los que no conocemos los nombres de los ricos ni el importe de sus fortunas.

Según lo expuesto, los paraísos fiscales no están creados para defraudar cantidades sin declarar por rentas activas a las agencias tributarias. Su utilización para ese fin es secundaria. Fundamentalmente están creados para las fortunas de las rentas pasivas y sus estructuras financieras y para cobijo de los mercados financieros.

15. EL SISTEMA

Aun con las limitadas capacidades de investigación de las estructuras de los estados salen a la luz delitos fiscales de políticos y cargos públicos, directivos, empresarios con sumas de dinero millonarias sin declarar a las agencias tributarias sin que se pueda demostrar su procedencia y casos claros de malversación de fondos públicos o tráfico de influencias políticas.

Estos actos han sido llevados a cabo por personas que durante un tiempo han desempeñado un cargo público o la dirección de una entidad privada, para aprovecharse personalmente y enriquecerse y sin embargo estas personas no disponen de influencia sobre el sistema capitalista para determinar sus ciclos y fases.

El verdadero problema es mundial y multimillonario, con miles y miles de millones de dólares, euros y demás monedas cotizadas en el mercado de divisas y la causa de tal situación es la influencia del subsistema financiero sobre el subsistema económico.

Que haya una actividad financiera legal operando en los mercados financieros pero al mismo tiempo opaca, anónima y en la sombra, sin dar la cara o sin definir su identidad societaria, creada en los países o lugares que no pagan impuestos por ser paraísos fiscales es el verdadero problema de las personas que viven de rentas activas y también de las agencias tributarias.

El problema es de calado estructural del sistema capitalista actual, del mercado económico y de las rentas activas y por contraposición del mercado financiero y de las rentas pasivas.

Se puede representar en el hecho siguiente:

¿Cómo puede suceder que un país en plena fase económica solicite la entrada en el club de los países más ricos como octava economía del mundo y decir que está en la Champions League y al cabo de unos años entrar en la fase financiera y llegar a estar al borde de la quiebra y del rescate económico?

Lo que está claro es que la riqueza, el dinero (el valor económico) creado con la gran actividad en la fase económica no se ha quemado ni destruido.

Entonces, ¿qué ha pasado con el enorme valor económico creado con la gran actividad empresarial, con el trabajo?

¿A dónde ha ido a parar?

¿A dónde ha ido a parar la riqueza económica que disponía la clase media y la clase trabajadora?

¿A dónde ha ido a parar el valor económico creado con las rentas activas del trabajo, márgenes y utilidades empresariales?

¿A dónde ha ido a parar el valor económico que acumulaban los precios?

Pues... a los bolsillos de los financieros, de los grupos de grandes inversores a través de sus estructuras financieras creadas en los paraísos fiscales que han vaciado el valor económico que representaban los precios de los activos, que representaba el valor económico de las rentas activas.

16. PROGRAMAS AUTOMÁTICOS

Expresemos en cifras lo anterior con el ejemplo de una fundación que dispone de 30.000 millones de dólares invertidos en deuda de los EE.UU. a la cual le conceden un PPP realizado por un *trader* con operativa en el mercado del Forex y apalancamiento de 100/1, 200/1, 300/1, 400/1, etc.

Los beneficios anuales oscilan entre un 100% y 200% o más sobre el capital que respalda el programa, es decir, beneficios anuales de 30.000, 60.000 millones de dólares o más según su apalancamiento.

¿En qué ranking aparecen las fortunas de los grandes inversores?

¿De dónde salen estos beneficios?

¿A quiénes perjudican?

¿Dónde están creadas estas estructuras financieras de los PPP?

¿Dónde pagan impuestos por estos beneficios?

Los programas automáticos basados en inversiones matemáticas debido al gran volumen de dinero con que trabajan son los que hacen subir o bajar los precios a su favor con sus "megaórdenes" de compra y venta lanzadas a los mercados financieros.

17. DERIVADOS FINANCIEROS

¿Por qué motivo los grandes inversores están dispuestos a invertir en emisiones de deuda en Alemania al 0% de interés sin obtener beneficios en una inversión por análisis fundamentales?

¿Y por qué motivo los grandes inversores exigen para invertir en emisiones de deuda en Grecia intereses superiores al 10%, 15%, etc. por inversiones por análisis fundamentales?

La respuesta es clara: porque la economía alemana crea valor económico sobrante para atender los soportes de las rentas activas y pueden especular con productos financieros derivados, especialmente con programas PPP.

La economía griega no produce valor económico suficiente para pagar su deuda y en consecuencia no crea valor económico para especular con otros productos financieros derivados. Su economía está sin soporte económico.

Sin embrago hay inversores a los que les perjudica que Alemania pague 0% de intereses por sus emisiones de deuda, aquellos fondos que invierten por fundamentales, fondos de pensiones, etc. Son inversores que se benefician del crecimiento económico, su operativa se basa en inversiones por análisis fundamentales y no operan con derivados financieros.

Pero incluso con las garantías que pueden aportar los depositarios de estos fondos de pensiones se pueden crear otros productos financieros para los grandes inversores y especular en su propio beneficio, que no benefician a los partícipes del fondo de pensiones o el beneficio es mínimo.

Lo mismo sucede con los productos de inversión de la banca comercial destinados para los pequeños ahorradores que apenas reciben beneficios de sus aportaciones y sin embargo ayudan a crear grandes masas de liquidez para garantías bancarias (GB) y soporte de derivados financieros utilizados por los grandes inversores.

18. ESPECULACIÓN

La especulación de los grandes inversores sucede en cualquier sector económico. Por ejemplo: el petróleo puede alcanzar en los mercados un precio superior a los 150 dólares por barril y este precio tan elevado también beneficia a los países productores y compañías petroleras que en contrapartida tienen que pagar los compradores y consumidores de petróleo. Por el contrario, cuando el precio del petróleo no supera los 40 dólares por barril, también beneficia a los compradores y consumidores y perjudica a los vendedores, países productores y compañías petroleras.

Este mercado económico del petróleo está condicionado por el mercado financiero, que obtiene sus beneficios a través de las órdenes de compra y venta realizadas continuamente en las bolsas de valores sobre estos precios cotizados.

Los mayores beneficios son para los grandes inversores que generan las órdenes de compra y venta lanzadas al mercado y que pagan tanto los compradores como los vendedores de petróleo, es decir, los grandes inversores se aprovechan tanto de los compradores como de los vendedores, sus beneficios pueden ser tanto en tendencias laterales en operaciones de céntimos, como en tendencias alcistas superando los 150 dólares o tendencias bajistas de menos de 40 dólares por barril.

La extracción diaria de petróleo de los países productores puede superar los 80 millones de barriles en todo el mundo, lo que crea una gran actividad desde su origen hasta el consumidor final, en su extracción, transporte, refinado, almacenaje y comercialización; y los grandes inversores especulan con la generación de valor económico en todo el proceso.

Los grandes inversores obtienen beneficios económicos especulando sobre los precios del petróleo y además beneficios financieros especulando con las monedas de los compradores y vendedores para adueñarse del valor económico con órdenes de compra (en largo) y órdenes de venta (en corto).

El mercado de las divisas, el Forex, es el más activo de todos en el mercado financiero, llegando a negociarse diariamente en abril de 2016 un promedio diario de 5,1 billones de USD.

Teniendo en consideración que cada operación involucra dos monedas, la suma total de intercambios es en efecto el doble de esa cantidad. El Forex está abierto desde el domingo por la tarde hasta el viernes por la noche ininterrumpidamente.

Solo el 7% de las divisas que se negocian en el Forex se deben al comercio internacional de *commodities* (petróleo, mercancías, alimentación, etc.), el otro 93% de las transacciones de divisas se realizan por especulación para ganar un beneficio sin tener motivos comerciales. No olvidemos que el dinero se representa en los balances en el activo circulante en la masa patrimonial de disponible, es lo más líquido de los activos para representar el valor económico acumulado y creado día tras día con el trabajo y la actividad económica. Las especulaciones con las divisas ofrecen un enorme beneficio a los operadores que pueden negociar grandes volúmenes.

Supongamos un PPP creado con el dólar de EE.UU. que esté negociando el volumen de un billón de dólares y especulando contra la divisa de otro país productor de petróleo, por ejemplo, México, Venezuela, Brasil, Nigeria, Rusia, Arabia Saudí, etc., con las órdenes de compras y ventas del par que se negocian con cuatro decimales forzando a la moneda del país productor de petróleo a perder una enorme cantidad de valor económico e incluso a forzar devaluaciones muy grandes.

¿Qué beneficio puede tener un programa PPP con el volumen de un billón de dólares si obliga a subir o bajar un céntimo la divisa del país productor de petróleo repitiendo continuamente las órdenes de compra y venta para quitarle céntimo a céntimo el valor económico que dispone y acumula la divisa diariamente con el trabajo de los habitantes del país y la extracción de petróleo?

El objetivo que tienen los grandes inversores es quitarle el valor económico que fluctúa por encima de soportes en la economía de cualquier país.

¿Pero quién permite que se roben estos enormes beneficios sobre las rentas activas?

Si el programa PPP está creado desde la City londinense, la libra de Gran Bretaña actúa contra el euro quitándole el valor económico que día tras día están produciendo los habitantes de los países de la zona euro, Alemania, Francia, España, etc. Las rentas activas producen valor económico y las rentas pasivas se quedan con todo el valor económico que pueden.

Estos ejemplos ampliados a todos los sectores económicos y sus monedas con la operativa financiera de los grandes inversores a escala mundial hacen impresionante la captación de beneficios que obtienen en cantidades de miles de millones de dólares, billones de dólares, trillones de dólares.

¿A quiénes empobrecen los enormes beneficios que obtienen los grandes inversores?

19. LOS GRUPOS DE GRANDES INVERSORES

La actividad económica genera en los mercados una gran lucha de intereses entre la oferta y la demanda de activos y beneficia según el caso en mayor o menor medida a compradores o vendedores con la entrada en escena del tercer implicado, el inversor, que se aprovecha de ambos, del comprador y del vendedor, con su operativa y estrategia financiera.

Los grandes inversores, cuando llegan al primer nivel, adquieren poder de decisión sobre el destino de la economía a nivel global, disponen de estructuras piramidales y dirección lineal y sus ideologías son conservadoras y ultraconservadoras. Tienen el control de los mercados financieros y en consecuencia el control de los mercados económicos.

En la actualidad los cambios económicos se generan con mayor rapidez y facilidad y crean nuevas oportunidades a los que gobiernan el planeta, los grandes inversores, que solo velan por sus intereses y para ello impulsan o frenan los mercados económicos según les convenga para potenciar el desarrollo de su riqueza, sin estimar a las personas que han creado, con su actividad, con su trabajo, la gran masa de valor económico y que, sin embargo, pueden quedarse fuera de su mercado operativo y del sistema injustamente y sin recursos económicos, personas que no tienen soporte para aguantar sus deudas después de que los grandes inversores hayan cerrado el grifo de los préstamos y créditos (de la liquidez) sin reparar en si eran de derechas o de izquierdas las personas, familias, trabajadores o empresarios que no han podido pagar las cuotas de sus deudas. Solo han visto que las agencias de calificación de riesgo no prevén crecimiento económico facilitando nuevos préstamos y créditos por que ya han agotado el mercado económico de bienes, derechos y servicios y es tiempo de recoger su cosecha.

Los grandes inversores tienen a su servicio a las personas que viven de rentas activas, trabajadores y empresarios que utilizan para su beneficio según les convenga, explotan los mercados, el valor económico creado con el trabajo de los obreros y trabajadores y actividad de los empresarios.

La globalización ha inclinado la balanza hacia las rentas pasivas por su capacidad para crear estructuras financieras y potenciar la acumulación y concentración del capital en sus manos.

¿Cuántos grupos de grandes inversores puede haber?

Considero que actualmente puede haber en torno a 100 grupos de grandes inversores a escala mundial que deciden nuestro futuro.

¿Cómo se llaman estos grupos de grandes inversores?

20. PLANTEAMIENTOS PARA RESOLVER LA FASE FINANCIERA (LA CRISIS)

Las diferentes formas de pensamiento e ideologías plantean soluciones muy diversas especialmente en plena crisis económica. A grandes rasgos hay dos planteamientos desde la representación de los estados: el de las políticas de derechas, que optan por reducir gastos y realizar recortes presupuestarios para cuadrar los balances y cuentas de los mismos, enfocados a beneficiar las exigencias de los mercados financieros para superar las crisis, y el de las izquierdas, que intentan mantener el nivel adquisitivo de las rentas activas con políticas expansivas y keynesianas, con aumento de liquidez y aumento del gasto para reactivar la economía y mantener el nivel de bienestar social con la ayuda y soporte económico de los estados.

Puede que ya sea tarde para cambiar el rumbo, el problema no es, ni será, fácil de resolver; ya se ha caído en la red o trampa de los grandes inversores.

¿Qué consecuencias puede traer abrir el grifo de las finanzas en plena crisis económica? ¿Qué consecuencias puede tener sobre la economía y el mercado de bienes, derechos y servicios para un estado si lo hace el gobierno de turno, dando por descontado que los financieros, los grandes inversores, no lo van a hacer?

Las políticas para resolver la crisis aplazando deudas, incrementando préstamos y créditos y subiendo los impuestos a las personas más ricas por rentas activas no resuelven el problema de las fases financieras, las crisis, y como ejemplo expongo las opciones siguientes:

- Incremento de la liquidez en los mercados económicos en plena crisis con más créditos y préstamos.

Generalmente los mercados económicos están demasiado agotados como para que los grupos de grandes inversores realicen nuevas inversiones a través de los bancos comerciales para generar valor económico en niveles de resistencias, exigen seguir la tendencia bajista (la fase financiera) hasta que llegue a soportes económicos para que empiece a crecer la economía por sí sola, para que vuelvan a inyectar liquidez. Si el gobierno de turno inyecta liquidez antes de llegar al soporte económico tendrá que aumentar la productividad para elevar el soporte económico o su esfuerzo por salir de la crisis habrá empeorado la situación económica.

- Subir los impuestos a los ricos por rentas activas.

Los ricos por rentas activas declaran sus beneficios anualmente y pagan impuestos con mayor o menor equidad, y hoy por hoy no tienen poder de decisión sobre el sistema capitalista.

Deberíamos preguntarnos más bien:

¿Cómo colaboran, qué impuestos pagan los que se han enriquecido gracias a las rentas pasivas, los causantes de la crisis, los grandes inversores?

¿Quién gobierna el planeta? ¿Los estados, que según el caso pueden estar gobernados por partidos de derechas o izquierdas, o los mercados, es decir, los grandes inversores?

21. OTRO SISTEMA

Cabría preguntarse si este dominio de los mercados financieros en la economía es igual en todo el planeta, y no es así; en las últimas décadas se ha alzado un gran competidor a los grupos de grandes inversores, China, que amenaza el liderazgo de estos últimos con su gran crecimiento económico y su influencia en los mercados económicos, de bienes, derechos y servicios. China lleva años y años creciendo económicamente a niveles muy elevados, entre el 7% y el 12% aproximadamente.

¿Pero por qué ha crecido año tras año sin una crisis económica?

Pues es muy sencillo: su estructura económica no está expuesta a las finanzas, a los mercados financieros, donde los grupos de grandes inversores mandan y marcan los precios y los tiempos de crecimiento y crisis económica, sus soportes y resistencias.

La moneda de China no estaba cotizada en los mercados de divisas y los grandes inversores no han podido sustraer el valor económico que han generado con la actividad económica, con el trabajo. Ahora con la gran fortaleza económica de que disponen y la planificación financiera, se incorporan con su moneda, el yuan, al mercado financiero con un trato de igualdad, de tú a tú, frente a los grupos de grandes inversores y aun así, desde su fortaleza, considero que pueden verse arrastrados a una crisis económica en el futuro.

El mercado económico de China amenaza al todopoderoso mercado financiero de los grandes inversores. Dicho de otro modo, el sistema comunista de China amenaza al todopoderoso sistema de la extrema derecha que impera en el mundo entero.

Las estrategias de alta dirección del Partido Comunista chino han funcionado con gran eficacia y siguen con la planificación en la misma dirección acumulando valor económico, acumulando poder.

22. LOS GOBIERNOS Y LOS MERCADOS

A los grandes inversores no les importa tanto quién gobierne los países, si los partidos de derechas o los partidos de izquierdas; su dirección y gestión están en un segundo nivel, pero sí les interesa que sigan las fases de los ciclos económicos, que los gobiernos, cuando tengan que hacer recortes presupuestarios de los estados que gobiernan, los hagan en cualquier país, en Francia o en Grecia, gobierne la derecha o la izquierda.

Lo que no toleran los grandes inversores es que los gobiernos de los países negocien en el mercado económico sus activos sin la intervención del mercado financiero internacional, especialmente a través del dólar de EE.UU. Por ejemplo, China y Brasil pueden tener un mercado económico comercialmente muy importante. Siempre que intermedie el sistema financiero internacional no hay problema para los grandes inversores.

El problema es si China y Brasil comercializan sus activos con sus monedas sin que intervenga el sistema financiero internacional, porque quedan fuera del negocio los grandes inversores.

A China no le pueden imponer represalias, pero la economía de Brasil está muy expuesta y en una posición de debilidad frente al mercado financiero y pueden derrumbar su gobierno si este por ejemplo adopta acuerdos con China, perjudicando los intereses de los grandes inversores. Estos pueden imponer el cambio de fase económica a fase financiera y crear una crisis en la que muchas personas sufran las consecuencias y, por si no fuese suficiente con la crisis para derrumbar al gobierno, pueden maniobrar de otras formas como desprestigiar personalmente a los políticos del partido gobernante para evitar que vuelvan a gobernar el país y conseguir que pierdan la condición de ser alternativa de gobierno.

De este modo los mercados (los grupos de grandes inversores) pueden cambiar el panorama político de cualquier país. Admiten que gobiernen partidos de izquierdas países que mantengan la comercialización de sus bienes con la intervención del sistema financiero internacional.

Los gobiernos de izquierdas que rompan con el

mercado financiero internacional no les interesan a los grandes inversores porque no pueden especular y sustraerle el valor económico que han creado las personas que viven de rentas activas, de su trabajo.

¿Qué pueden hacer las izquierdas para evitarlo, para evitar que la extrema derecha gobierne la economía mundial?

Si los grandes inversores imponen sus condiciones a los gobiernos de los países, estos actúan en un segundo nivel estructural y los grandes inversores actúan en el primer nivel estructural. Los gobiernos con la estructura actual no pueden hacer nada y tienen que doblegarse a los mercados. China se salva de que le roben el valor económico creado con el trabajo porque tiene sus finanzas controladas, su mercado financiero crece y crece económicamente sin crisis. La amenaza que tiene China es que Occidente no compre los bienes que produce, es decir, la amenaza que tiene es que le reduzcan el mercado económico, las exportaciones de sus productos.

¿Por qué los demás países no pueden crecer y

crecer como China?

Porque están intervenidos por el mercado financiero, por los grandes inversores, que les provocan crisis, les obligan a volver a empezar desde soportes económicos después de sustraer el valor económico que se había generado hasta llegar a resistencias. Vacían de valor económico las rentas activas y sus mercados económicos. En la actualidad no mandan las políticas de los estados. Mandan las políticas de los mercados. Los partidos de izquierdas tienen que ganar estas contiendas, estas batallas, estas guerras, a los grupos de grandes inversores por el bien de la sociedad y del bienestar social.

¿Pero con qué fuerza, con qué armas las tienen que ganar?

23. EFICACIA

La solución puede estar en una relación del trabajo con el capital más eficaz y que esté enfocada a beneficiar a las rentas activas y mantener el valor económico creado con la actividad, con el trabajo, en manos de sus creadores, y no a beneficiar a los grupos de grandes inversores que especulan y rescatan para sus bolsillos el valor económico generado por los trabajadores y empresarios.

El reto está en crear productos financieros de inversión para beneficiar a trabajadores y empresarios y favorecer la economía y desprenderse del modelo financiero actual, para conseguir avances hacia una sociedad de bienestar social estable y acorde con el mercado y la capacidad de creación de valor económico.

En caso de seguir con el actual modelo financiero, que absorbe el valor económico creado con la actividad, será muy difícil de mantener a largo plazo el modelo de sociedad del bienestar social para la mayoría de personas en cualquier país desarrollado o emergente. O se cambia el sistema financiero o no hay salida. No solo estamos asistiendo a un cambio de ciclo sistémico, estamos asistiendo a un cambio de era, toda la sociedad se va a reestructurar. Ayudar a las personas de países en vías de desarrollo desde las ONG está muy bien, pero con esto no se conseguirá reducir en su conjunto la pobreza en el planeta Tierra.

¿Cuál es el camino para erradicar la pobreza?

¿Cómo hay que hacer las políticas para ganar las contiendas a los grandes inversores?

Para esto es necesario realizar políticas a un nivel superior a la programación para gobernar un país. Se necesitan políticas de planificación.

24. MEDIO AMBIENTE

Además de en lo puramente económico, las políticas de los grandes inversores influyen sobre otras cuestiones. ¿Alguien cree que con este sistema financiero que impera hoy en los mercados se pueden cumplir los acuerdos que se alcancen en las cumbres mundiales entre los países sobre cambio climático y medio ambiente? Ya pueden los gobiernos de los países a nivel mundial firmar los acuerdos que deseen sobre cambio climático y medio ambiente que será imposible cumplirlos, porque las empresas no dispondrán de margen para cumplir dichos acuerdos sobre cambio climático y medio ambiente en todo el ciclo económico (en la fase económica y en la fase financiera), es decir, habrá países que no cumplirán los acuerdos o no los firmarán.

La presión que ejercen los grandes inversores sobre los mercados (sobre el valor económico creado con la actividad, con el trabajo) hace imposible mantener márgenes de valor económico para desarrollar los acuerdos sobre cambio climático y medio ambiente en países desarrollados y en países emergentes. Se necesita que el valor económico permanezca al servicio de las rentas activas para poder cumplir los acuerdos sobre cambio climático y medio ambiente y no ser expoliado como sucede actualmente, ya que no se deja margen en los mercados económicos para actuaciones sobre cambio climático y medio ambiente.

En definitiva, para poder cumplir los acuerdos alcanzados por los estados sobre cambio climático y medio ambiente, las finanzas deben estar al servicio de la economía y no la economía al servicio de las finanzas de los grandes inversores.

25. LOS REPRESENTANTES POLÍTICOS

En las sociedades democráticas están representadas las diferentes formas de pensamiento ideológico y político que se canalizan en las elecciones parlamentarias en mayor o menor concentración de votos según el momento en los dos grandes bloques que forman la derecha y la izquierda, representadas generalmente por grandes partidos políticos con opciones de ganar unas elecciones parlamentarias para gobernar un país.

En caso de que gobierne un partido de derechas, la sintonía con los mercados puede ser muy elevada. En caso de que gobierne un partido de izquierdas la sintonía con los mercados no es tan alta, aunque el gobierno de izquierdas sea de corte socialdemócrata y su fundamento político se base en el sistema capitalista y en su humanización, en crear riqueza económica y un reparto más justo entre las clases sociales. Si el gobierno es de la izquierda que no se fundamenta políticamente en el sistema capitalista, con menor sintonía aceptan sus políticas los mercados, que están controlados por los conservadores y ultraconservadores, que gobiernan desde las rentas pasivas, los grandes inversores.

26. LOS CONSERVADORES

Tradicionalmente siempre han defendido los intereses de las personas con un estatus social de clases altas de mayor poder adquisitivo que con el paso del tiempo se han ido transformando en defender un capitalismo de consumo.

Han evolucionado, pasando de defender a las personas de clase alta a defender un sistema capitalista donde no importa tanto la clase social a la que pertenezcan las personas como la ideología, mentalidad y capacidad de crear riqueza para su propio beneficio y la acumulación de valor con la actividad en el mercado económico a través de la eficacia y eficiencia, creando beneficios indirectos a la población en general con el consumo de bienes y a defender políticas de mercado con la ilusión creada en base a la capacidad individual de hacerse rico.

Al principio del sistema capitalista las políticas conservadoras estaban basadas en la defensa de intereses económicos de los mercados de rentas activas, de las personas de clase alta y de las personas capaces de hacerse ricas con la actividad económica. Pero el panorama ha cambiado y las nuevas clases altas dominantes son personas que dominan el sistema capitalista desde las rentas pasivas, desde los mercados financieros.

Los conservadores, con sus políticas, no pueden estar defendiendo los intereses económicos de las personas que viven de rentas activas, de los empresarios y asalariados y al mismo tiempo los intereses de los grandes inversores que se benefician de rentas pasivas, de explotar a todas las personas que viven de una actividad.

¿Qué le pueden proponer los partidos conservadores a los autónomos, empresarios y asalariados cuando los grandes inversores deciden que comience la fase financiera (la crisis), que según la situación de cada persona que vive de rentas activas en la repercusión de deuda en sus balances, pueden ver mermada su riqueza o incluso irse a la quiebra económica?

¿Qué le pueden decir o proponer los partidos conservadores a un pequeño o mediano empresario de derechas que por causa de los intereses de los grandes inversores se ha ido a la quiebra económica?

La disyuntiva es clara: o defienden los intereses de las rentas activas o defienden los intereses de las rentas pasivas.

Por su propia naturaleza los conservadores defienden a la clase alta y en consecuencia actualmente defienden a los grandes inversores y a sus políticas, aunque estas lleven a la quiebra a personas de derechas y empresas con el cambio de fase dentro de cada ciclo económico.

En el caso de que los conservadores estén gobernando un país, no les importa que con sus políticas de recortes presupuestarios en la fase financiera (de crisis) pierdan las próximas elecciones parlamentarias, pues lo primero es salvaguardar los intereses de los grandes inversores, que exigen a través de los mercados cuadrar las cuentas de los balances del estado en soportes económicos para liberar los márgenes desde los precios máximos y aprovecharse del valor económico fluctuante hasta los precios mínimos desde todas las posiciones posibles, mercados cotizados, subastas de deuda pública, compra de bienes a precios reducidos, etc.

En esta situación, ¿los conservadores van a enfrentarse a la causa de las crisis económicas?

¿Van a defender los intereses de las rentas activas?

27. LAS IZQUIERDAS

Cuando gobierna un partido de izquierdas moderado de corte socialdemócrata o uno más radical que no acepte el sistema capitalista, su afán es realizar políticas expansivas, crear mayor actividad económica y crear más empleo, invertir en trabajo, crear nuevas leyes con mayores derechos sociales para ser más justos con la sociedad y reconocer derechos e institucionalizarlos con nuevas leyes y normalizar socialmente las vidas de las personas, por ejemplo, leyes de igualdad entre mujeres y hombres, leyes para proteger el medio ambiente y ecología, ley del aborto, el matrimonio entre personas del mismo sexo, leyes para proteger los derechos de los trabajadores, incrementar los presupuestos de educación pública, aumentar la cobertura sanitaria pública, perseguir el crimen organizado, gravar con más impuestos a las personas con rentas más altas por actividad económica para que colaboren más con el bienestar social de la población en general y con los servicios públicos y un largo etcétera de mejoras y reivindicaciones sociales. A estos avances y aumento de gasto público suelen ser reticentes las ideologías de derechas y en mayor medida las más ultraconservadoras, la extrema derecha.

En el otro extremo, las ideologías de izquierdas que no se fundamentan en el sistema capitalista, exigen un grado de igualdadequivalente entre las personas. La izquierda que no se fundamenta en el sistema capitalista no se satisface y considera que se necesitan más avances y más mejoras socioeconómicas para los trabajadores y la población en general.

Puede dar la sensación de que estas políticas progresistas a lo largo del tiempo, en sociedades democráticas, tienen un gran futuro. Nadie pone en cuestión que las políticas de izquierdas benefician a la mayoría de la población y forman parte de la alternancia política en el gobierno entre la derecha y la izquierda.

A largo plazo no veo tan clara la supervivencia de las ideologías de izquierdas tradicionales, no porque las políticas sociales y económicas que defienden y desarrollan las izquierdas no beneficien a la sociedad en general, sino porque tendrán dificultades para representar el desarrollo económico y el estado del bienestar social por el escaso margen que les permitirán los grandes inversores desarrollar desde un segundo nivel a los gobiernos de izquierdas y sus políticas sociales. No tendrán soporte las propuestas económicas de los programas de los partidos políticos de izquierdas para gobernar un país y mejorar las vidas de los trabajadores y las clases menos pudientes económicamente.

Las mejoras que se consiguen en la fase económica gracias a un gobierno de izquierdas, en la fase financiera tendrán que recortarse en parte o en su totalidad, según el soporte económico, anulando de este modo el efecto de las políticas de izquierdas y perjudicando su respaldo social en futuras elecciones parlamentarias.

¿Quién gobierna el planeta, los estados o los

mercados?

La democracia y la libertad no se fundamentan sin oportunidades, sin recursos económicos, sin ingresos, sin trabajo.

28. LAS ESTRATEGIAS DE LOS PARTIDOS DE IZQUIERDAS

La pregunta que quiero plantear es:

¿Qué ha pasado con las estrategias a nivel mundial de los partidos de izquierdas que están dentro y fuera del sistema capitalista?

En mi opinión los resultados han sido mediocres porque sus estrategias no se han actualizado y centrado en el primer nivel de dirección, en la planificación, y sí se han centrado en el segundo nivel de dirección, en la programación y, muy especialmente, en la programación para gobernar países.

Desde el segundo nivel de dirección, desde la programación, ya puede un partido de izquierdas ganar las elecciones parlamentarias en un país que disponga de gran cantidad de recursos económicos para permitir a la población vivir y disfrutar del estado del bienestar social, que como su economía, su mercado económico de bienes, derechos, servicios y su moneda estén regulados por el mercado financiero, por las decisiones de los grupos de grandes inversores, que actúan desde el primer nivel de dirección, se derrumbarán los avances de las políticas de izquierdas.

Al estar en manos de los grandes inversores las políticas de los estados, cuanto estimen necesario sociológicamente, amenazarán a las políticas del gobierno de izquierdas, que se verá en la necesidad de nuevas emisiones de deuda pública y obligado a perder soportes económicos, al mismo tiempo que verá devaluarse su moneda, reduciéndose el valor económico para mantener el nivel de vida de las personas, el nivel de bienestar social.

Los grupos de grandes inversores son grandes estrategas, según se puede comprobar en todos los campos, y también grandes sociólogos. Saben marcar los tiempos, saben que si un partido de izquierdas gana unas elecciones políticas en un país es porque muchas personas han depositado sus esperanzas en sus políticas.

Los grupos de grandes inversores solo tienen que desarrollar sus políticas para derrumbar las ilusiones de muchas personas que han votado al partido de izquierdas que ha ganado las elecciones, ocupándose de los ciclos económicos, es decir, en la fase económica (de crecimiento), de que personas y empresas asuman mucha deuda para comprar lo que quieran y forzar con mayor actividad económica y que no falte liquidez para crear mucho valor económico por encima de soportes.

A otro nivel, las inversiones en las empresas cotizadas hacen subir y subir el precio de las acciones y, en consecuencia, los presupuestos de los estados se ven muy rebosantes de liquidez por los altos ingresos por impuestos directos de personas y empresas e indirectos de la gran actividad del mercado económico. Se incrementa el gasto en mejoras sociales, en infraestructuras... Todo va bien, el gobierno de izquierdas cumple su programa electoral con creces. Con tanta liquidez y actividad económica, con tanto trabajo se crea mucho valor económico, que las personas están disfrutando. Pero la intención de los grupos de grandes inversores no es que las personas disfruten del valor económico creado con el trabajo, con la actividad económica, su intención es quedárselo ellos.

¿Cómo?

Ampliando las explicaciones anteriores, apoyándose en la estructura financiera, en la fase económica, facilitando créditos y préstamos e inversiones en los mercados económicos y, en la fase financiera, las obligaciones y ejecución de garantías y desinversiones en mercados agotados, inversiones en activos y acciones refugio, especulación con derivados financieros en corto.

Prosiguiendo la explicación, se quedan con todo el valor económico que fluctúa en el mercado económico generado con la actividad, con el trabajo. Incluso, como he mencionado anteriormente, pueden seguir forzando la tendencia bajista después de llegar al soporte económico especulando en los mercados cotizados y muy especialmente con la moneda de un país que repercute sobre toda la economía de un país o estado.

¿Con qué teoría y con qué práctica se pueden

evitar estas políticas financieras de los grandes inversores?

¿Y con qué estrategias?

29. LA RAZÓN DE LAS IZQUIERDAS

Las izquierdas esperan un gran cambio sobrevenido por el agotamiento del sistema capitalista y de las políticas de derechas y por la propia acción reivindicativa de lucha económica, lucha política y lucha ideológica. Pero con el paso del tiempo han cambiado las condiciones estructurales del sistema capitalista. El pensamiento materialista a través del análisis dialéctico no ha evolucionado lo suficiente para interpretar los avances científicos y su repercusión económico-social en las sociedades humanas.

Desde el pensamiento materialista los análisis dialécticos sobre los mercados económicos realizados en su día por la izquierda han sido correctos.

Ejemplo: ¿qué salario debe tener un obrero para reproducirse?

Son las cuentas del empresario analizadas por las izquierdas en su día.

Y los análisis que ahora debería realizar la izquierda sobre el mercado financiero...

Ejemplo: ¿qué rentas deben tener los productores, empresarios y trabajadores para reproducirse?

Son las cuentas de los grandes inversores.

¿Cuáles son los análisis de las izquierdas para evitar la explotación de las rentas activas realizadas por los grandes inversores, a través de las rentas pasivas, para evitar las crisis económicas, la fase financiera? Es ahí donde está el problema, las izquierdas no tienen planes para evitar las crisis económicas, solo tienen capacidad para denunciar la injusticias que provocan. Hoy en día la solución no es ganar las elecciones al parlamento y gobernar un país. Esto no evita las crisis económicas, los ciclos; las fases siguen en el sistema, los mercados mandan sobre los parlamentos de los países, sobre los estados. Las políticas de los mercados han ganado a las políticas de los estados por su eficacia. Las razones de las políticas de los partidos de izquierdas es mejorar las vidas de las personas en general y especialmente las de rentas más bajas. ¿Pero cómo se mejoran gradualmente las rentas activas sin retrocesos?

30. LA CONCIENCIA DE LAS IZQUIERDAS

Lo que hace falta para fortalecer los programas de la izquierda es disponer de estructuras económicas y financieras que desarrollen su actividad desde la conciencia de favorecer a las rentas activas con el valor económico creado día tras día y con el capital acumulado en manos y al servicio de las personas que viven del trabajo, no como actualmente, que las estructuras financieras de las rentas pasivas sustraen día tras día el valor económico generado con el trabajo.

Está muy bien que las izquierdas que están dentro y fuera del sistema capitalista piensen en ganar unas elecciones políticas en las instituciones públicas de los estados y mejorar la sanidad, educación, las prestaciones sociales, ampliar las ayudas a personas que no tienen recursos ni trabajo, pero lo que pretendo exponer es el cómo se consigue generar un nivel de vida del bienestar social desde las políticas de los estados sin las amenazas que tiene actualmente por los mercados. Se puede conseguir, pero hay que desarrollar funciones de primer nivel de planificación, de alta dirección económica y financiera para ponerlas al servicio de las rentas activas. No es el hecho de que ganando unas elecciones al parlamento en un país se puedan nacionalizar los medios de producción económica, nacionalizar las empresas o entidades financieras, los bancos, etc. Los medios de producción económica o medios financieros no son lo importante, lo importante es el valor económico generado con la fuerza de trabajo y especialmente su destino, que con las estructuras actuales ya sabemos a manos de quiénes va a parar.

31. SISTEMAS ORGANIZATIVOS

¿Qué respuesta se le puede dar a una población que participa en unas elecciones parlamentarias en un bajo porcentaje de votación, que participa en un bajo porcentaje de afiliación a los sindicatos, que participa en un bajo porcentaje de afiliación a los partidos políticos, que participa en un pequeño porcentaje en su religión oficial, que considera que los bancos le están perjudicando, que considera que los políticos tienen baja cualificación, que son corruptos y que van a lo suyo, que las empresas son organizaciones que explotan a sus empleados y solo benefician a sus accionistas?

Un amplio porcentaje de la población se está hartando, especialmente con la profundidad de las crisis sistémicas que dejan a muchas personas en la calle y dan paso a cambios de mentalidad política y cambios sociales hasta el punto de que eligen a partidos políticos para gobernar con políticas que no están dentro del sistema capitalista, que desde los portavoces del sistema se califican de populistas. Es decir, es un populismo que no le interesa al sistema y tratan de apagarlo. Ha ocurrido en ciertos países que ganan unas elecciones partidos populistas y puede ocurrir en más países.

¿Cuál es el siguiente paso?

La reflexión, el problema de la izquierda, es una falta de actualización de estructuras y de su forma organizativa en una sociedad abierta a las nuevas formas de comunicación y a las relaciones interpersonales, que ya no sean los actuales los sistemas organizativos basados en la pirámide, practicados por la izquierda de secretarios generales, desde la base, desde abajo hacia arriba. Puede que los sistemas piramidales de organización ya estén fuera de tiempo y se tienda a organizaciones horizontales como modelo de sistema organizativo predominante.

Los cambios que provoca en una sociedad formada técnicamente y con un nivel de estudios académicos altos y la potencialidad que adquiere la sociedad civil conllevan que las estructuras organizativas de los partidos de izquierdas basados en un sistema piramidal no tengan la suficiente capacidad estructural para desarrollar las actividades exigidas y tengan que ser actualizados para asociar los cambios de participación generados por los sistemas organizativos horizontales y humanistas, por ejemplo: los círculos, íes griegas, divisióny en consecuencia los partidos de la izquierda tradicionales se queden desactualizados y desplazados por nuevas asociaciones surgidas del desencanto que producen las crisis económicas, especialmente las más profundas de los ciclos sistémicos del capitalismo.

Las nuevas asociaciones de izquierdas surgidas de las crisis económicas o crisis sistémicas traen la ilusión, traen mensajes claros y actualizados a la sociedad civil, respecto a las prácticas funcionales rechazando de plano la corrupción política, el beneficio personal a través de la representación en un cargo público.

Regeneran la vida política y la sociedad civil cada vez más, obligan a mantener las formas no solo a los partidos tradicionales de derechas, sino también al estado de derecho, y exigen aún más si cabe a los partidos de izquierdas tradicionales.

Las políticas sociales de las nuevas asociaciones de izquierdas son muy claras, pero las políticas económicas pueden carecer de cierto fundamento por su planteamiento basado en el aumento del gasto del estado y, a través de este, el bienestar social; como he mencionado aumentar los impuestos a los más ricos por rentas activas y que contribuyan más al bienestar social es muy justo y a la par hoy en día muy ineficaz por carecer de decisión en el mercado económico, que está desplazado a las decisiones de los grandes inversores y a sus megabeneficios por rentas pasivas, que además de ser injustos no contribuyen con impuestos al bienestar social de la humanidad.

32. LA IZQUIERDA QUE POLÍTICAMENTE ESTÁ DENTRO DEL SISTEMA CAPITALISTA

La socialdemocracia forma parte del sistema capitalista con la ideología centrada en la creación de valor económico y un reparto más justo entre las clases sociales y sus propuestas están dentro del marco político que aguanta el sistema capitalista con la alternancia de gobierno.

La defensa de los intereses de la clase trabajadora y clase media le han funcionado bien cuando el sistema capitalista estaba dirigido por el poder con intereses en las rentas activas. Ahora que el sistema capitalista está dirigido por el poder que tiene sus intereses en las rentas pasivas, se ve amenazado y debilitado para desarrollar unas políticas que beneficien a los trabajadores y clases medias. La relación es distinta entre las clases sociales y las ideologías en las que no existen los motivos ni las estructuras lineales entre trabajadores y empresarios.

La socialdemocracia como alternativa de izquierda dentro del sistema capitalista puede quedar desubicada políticamente en el escenario actual si no defiende claramente los intereses de las rentas activas y en ese caso tiene que enfrentarse a los intereses de los grandes inversores y actuar fuera del actual sistema capitalista y desligarse del nuevo orden mundial que están creando los grandes inversores.

¿Cuál será su futuro en la nueva relación de poder de las rentas pasivas?

¿Qué camino va a tomar cuando vea que sus apoyos se reducen por falta de actualización?

¿Qué cambios sufrirá su ideología?

Con la actual situación, al compartir la alternancia de poder desde la programación para gobernar un país, le pueden perjudicar mucho sus apoyos políticos si le toca gobernar en la fase financiera.

33. LA IZQUIERDA QUE POLÍTICAMENTE ESTÁ FUERA DEL SISTEMA CAPITALISTA

La izquierda que no acepta el sistema capitalista y quiere transformarlo y con sus propuestas está fuera del marco político que aguanta la alternancia de gobierno, que aguanta el sistema capitalista, tiene más ventajas cuando los ciclos están en la fase financiera y las personas que viven de rentas activas lo están pasando mal. Es cuando tiene más votos en las elecciones parlamentarias y contrariamente suele disminuir su influencia y sus votos en las elecciones parlamentarias cuanto en los ciclos cambian a la fase económica y se recupera la economía beneficiando a las rentas activas.

Ha pasado de tener políticas de acoso y derribo al sistema capitalista a integrarse en democracias parlamentarias para desarrollar sus programas políticos y al mismo tiempo mantener la acción reivindicativa social y económica en la calle. Sin embargo no ha evolucionado lo suficiente para analizar, interpretar y crear equipos de gestión y dirección para competir con estructuras contra los ataques a la economía de los mercados financieros. Generalmente tiene un concepto poco competitivo de creación y acumulación del valor económico (a excepción de China). Desde décadas atrás viene arrastrando hasta la actualidad grandes debilidades estratégicas y tácticas de la filosofía del materialismo y de su fuente de análisis predominante, la dialéctica, interpretativa de que nada es definitivo o absoluto.

La falta de actualización estructural y de planificación, más centrada en las funciones públicas del estado con programas de políticas progresistas, ha provocado la no adaptación de su ideología para dar respuesta a los avances en los mercados económicos y especialmente en los mercados financieros creados por sus adversarios, los conservadores y ultraconservadores (la derecha y extrema derecha), que ha relegado al segundo nivel las políticas de los gobiernos en los países y muy especialmente las políticas de la izquierda.

La fortaleza de la izquierda con planteamientos

fuera del sistema capitalista es la defensa de los intereses de la clase obrera y trabajadora en general, de las políticas sociales, del reparto equilibrado de los recursos económicos. Las amenazas a sus políticas son muchas desde dentro del sistema capitalista, de los conservadores e incluso de los socialdemócratas. La principal amenaza que se le avecina en las próximas décadas es la falta de estructuras y recursos económicos afines a sus políticas para seguir en el pelotón de cabeza en el maratón político.

Las propuestas políticas están basadas en estructuras económicas que hoy ya no son decisivas y necesitan más que una actualización, necesitan elaborar nueva planificación e interpretar los cambios de las futuras circunstancias sociales, económicas y financieras y dar soluciones a las nuevas clases sociales, la interpretación del valor económico y su utilización a través del impulso del comercio justo, soluciones a las estructuras financieras, potenciando la banca ética, etc. Hacer frente con planificación a los mercados financieros dominados por los grandes inversores para evitar la sustracción del valor económico.

Estas cuestiones deben tratarse desde fuera y desde dentro del sistema capitalista, con los argumentos de los análisis del proceso de trabajo, la producción, la productividad, la producción excedente, el modo de producción, las fases del proceso de trabajo desde las materias naturales, materias primas, productos, mercancías, derechos y servicios. Tienen que llevar a la izquierda con planteamientos políticos fuera del sistema capitalista a crear planes estratégicos con la izquierda con planteamientos políticos dentro del sistema capitalista para retener las plusvalías, el capital y su acumulación en manos de las personas que viven de rentas activas. En la situación actual ambas izquierdas salen perjudicadas y de este modo ambas izquierdas salen beneficiadas.

La izquierda con planteamientos fuera del sistema capitalista, que hoy ya está integrada en democracias parlamentarias, basada predominantemente en su ideología del materialismo filosófico, como fuente de análisis que estudia las sociedades humanas y da fuerza al pensamiento del materialismo con la dialéctica y sus leyes, las causas y efectos, el espacio, el tiempo, el movimiento, acción recíproca o acción de los contrarios, la cantidad en calidad o proceso por saltos, el método, el cambio cuantitativo y cualitativo, la lucha de los contrarios, la materia, la teoría y la práctica y en consecuencia la ideología del materialismo a través del análisis dialéctico debe actualizarse razonablemente con los avances científicos en su teoría y también en su práctica.

Estas fuentes de análisis estudiadas razonablemente y actualizadas con los avances científicos, estructuras y mercados económicos y financieros pueden hacer variar las relaciones entre las clases sociales y sus condiciones económicas y favorecer más a las personas que viven de rentas activas, a través de las ciencias y su desarrollo con nuevos descubrimientos y conclusiones, aplicadas a la acción política e ideológica, económica y financiera.

34. ACTUALIZACIÓN

El problema que les generan los mercados y los grandes inversores a las izquierdas que están dentro del sistema capitalista e izquierdas que están fuera del sistema capitalista es de actualización ideológica, de nuevas estructuras sociales, económicas y financieras más allá de las teorías de clases sociales surgidas en la revolución industrial.

En los mercados económicos de bienes, derechos y servicios los trabajadores por cuenta ajena aportan tiempo con su jornada laboral y el autónomo, empresario pequeño o mediano, aporta su tiempo, los medios de producción y fondo de comercio y en muchos casos tienen que multiplicarse para atender sus actividades diarias con jornadas prolongadas con dificultades especialmente en fases financieras.

La capacidad de desarrollo por razones del gran impulso de las ciencias y los grandes descubrimientos científicos aún no ha tenido el análisis en profundidad suficiente de las izquierdas en su repercusión del cambio de mentalidad y forma de vivir de las personas.

La insuficiente actualización y la lentitud de creación de nuevas estructuras y planes desarrollados por el pensamiento de las izquierdas a las condiciones actuales posicionan con desventaja y debilidad sus políticas progresistas.

Tienen que asumir que los cambios políticos impulsados por las izquierdas no serán drásticos y no llegarán a suceder si no dispone de estructuras orientadas a retener el valor económico en manos de las personas que viven de rentas activas. Es necesario romper moldes y crear la planificación y estructuras capaces de enfrentarse a los grandes inversores.

Desde la izquierda que está fuera del sistema capitalista el pensamiento materialista y el análisis dialéctico son las herramientas para interpretar la sociología, las sociedades humanas y sus estructuras sociales, económicas, financieras, etc. Estos tienen que evolucionar con los tiempos y los avances científicos y en el supuesto de no avanzar más rápido o mantienen el ritmo o se tornan obsoletos, se quedan atrás, no defienden su esencia y se vuelven dogmáticos.

Queda mucho por avanzar ideológicamente y mucho por adaptar en las funciones y tareas desde las izquierdas que están dentro y fuera del sistema capitalista para quitarnos del corralito que nos han creado los grandes inversores.

35. UN NUEVO ORDEN MUNDIAL

La historia nos dice que en el inicio del sistema capitalista los burgueses, con sus estructuras de rentas activas, se enfrentan a los nobles y a sus estructuras de rentas pasivas. La burguesía gana las contiendas con sus estructuras de rentas activas, es capaz de crear mayor productividad, mayor valor económico. Pero actualmente las estructuras de las rentas pasivas han vuelto a tomar el control del actual sistema capitalista. No son nobles (que alguno habrá), son financieros, grandes inversores y grupos de grandes inversores.

Los burgueses iniciadores y desarrolladores del sistema capitalista con las rentas activas, representados en los partidos políticos de las derechas, tendrían que ser reemplazados según las previsiones de izquierdas para crear una sociedad más justa e igualitaria del estado del bienestar social, el socialismo, pero no ha sido así, porque las izquierdas no han creado estructuras para ganar las contiendas a los actuales todopoderosos grupos de grandes inversores.

Para estabilizar el estado del bienestar social, hoy no es suficiente con que un partido de izquierdas gane las elecciones al parlamento de un país, porque tiene la amenaza de los mercados financieros. En consecuencia se oye hablar de un nuevo orden mundial, y según lo expuesto ya están creadas las bases y está funcionando. Sus fundadores, los grandes inversores, ya dominan el sistema capitalista actual y lo tienen a su servicio. No les tienen miedo ni les importa que ideologías contrarias a sus intereses gobiernen países porque desde niveles superiores pueden controlar sus políticas progresistas, desgastarlos en unos años y desplazarlos del poder político.

Como he comentado anteriormente, los grandes inversores tienen estructuras de primer nivel de planificación para ganar contiendas a sus rivales, que actúan en estructuras de segundo nivel con la programación para gobernar políticamente países desde las estructuras públicas de los estados. Los grandes inversores están creando para las personas que viven de su trabajo y actividad económica "corrales" para tenernos controlados y produciendo para ellos. Este es el "nuevo orden mundial" que se puede divisar y urge que las personas que viven de rentas activas se estructuren en el primer nivel, planifiquen para evitar dos clases sociales muy diferenciadas "los que mandan, los grandes inversores" y "los sumisos, los productores". Una vez que hayan creado en su totalidad el nuevo orden mundial será muy difícil o imposible cambiar la relación social de clases porque tendrán todo el poder en sus manos. Se dependerá de ellos como dependen los animales domésticos de su granjero.

La relación social se puede simplificar entre la economía y las finanzas como la relación del granjero con sus animales, que tienen que dar un beneficio, tienen que consumir menos de lo que producen. En el caso de las gallinas, por ejemplo, la producción de huevos tiene que tener más valor que lo que gastan y las vacas tienen que producir más valor con la leche de lo que consumen. Es una relación de los hombres con los animales domésticos que ya han perdido la posibilidad de vivir en libertad y son dependientes de los humanos que les dan de comer y les protegen.

Los animales domésticos, cuando pacen en campo abierto, tienen la posibilidad de escaparse del dominio del granjero y sin embargo no lo hacen, ya no tienen posibilidad de sobrevivir en libertad sin la protección del granjero. La relación del obrero con el empresario, que le paga un salario que tiene que ser inferior al valor económico producido en la jornada de trabajo, al obrero le permite desarrollar una vida acorde al salario recibido. La relación del granjero con los animales domésticos y la relación del empresario con los obreros son estructuras económicas, pero en los mercados la relación es entre el mercado económico y el mercado financiero, entre los empresarios y trabajadores por un lado y los grandes inversores por otro. Las rentas pasivas de los grandes inversores explotan a las rentas activas de los empresarios y trabajadores. Pero la relación social se está haciendo tan dependiente como los animales domésticos del granjero o como la del obrero del empresario. Los empresarios y trabajadores se están haciendo tan dependientes de los grandes inversores como lo son los animales domésticos del granjero. Los grupos de grandes inversores, al crear un nuevo orden mundial del sistema capitalista, están creando un nuevo estatus superior para dominar las rentas activas, están creando un régimen para mandar sobre las democracias de los países del sistema capitalista.

36. RELACIÓN DE FUERZA

Hace tres décadas era muy necesario actualizar los temas estructurales y sociológicos. Ahora es imprescindible o las izquierdas no podrán evitar que las personas que viven de rentas activas sean dependientes de los grandes inversores, no podrán evitar el nuevo orden mundial.

Las izquierdas tienen cada vez menos posibilidades de conseguir una sociedad del bienestar social, más justa, más libre, menos dependiente de los mercados, menos dependiente de los grandes inversores. No podrán evitar las crisis económicas causadas por los mercados financieros. Seremos dependientes de los grandes inversores sin posibilidad de crear un sistema más justo.

La izquierda socialdemócrata, que está dentro del sistema capitalista, previsiblemente seguirá con propuestas y programas para mejorar las condiciones sociales y económicas de las clases medias y trabajadoras. Cuando gobiernen un país, según el momento, tendrán que cuadrar las cuentas públicas con recortes para superar las fases financieras, de crisis, y entrar en la fase económica para que los grandes inversores comiencen a sembrar, a abrir el grifo de los préstamos y créditos.

La izquierda con planteamientos políticos fuera del sistema capitalista, si consigue gobernar un país, tendrá más dificultades para desarrollar sus programas porque los mercados no le permitirán disponer del valor económico creado con las rentas activas, no tendrán margen suficiente para mejorar el bienestar socioeconómico de las personas de forma permanente; estarán expuestas a los ciclos y su fase económica y su fase financiera recortando las mejoras conseguidas con los programas de gobiernos de izquierdas.

No obstante la relación de fuerzas es muy desigual. Los grandes inversores tienen las de ganar con el enorme valor económico almacenado en sus manos desde las estructuras financieras actuales.

37. ADVERTIR

Si alguien grita: ¡fuego!, ¡fuego!, y usted está en un bosque, tratará de salir del bosque, si está en un edificio, tratará de salir del edificio y si está en una fábrica, tratará de salir de la fábrica. Si alguien le grita: ¡viene una crisis económica!, ¡una crisis!, si usted vive de un trabajo, de una renta activa, ¿qué hace?

Sabemos que los inversores grandes o pequeños se apresuran a retirar de los mercados cotizados sus inversiones, para no perder valor económico, para poner a salvo el valor económico de sus rentas pasivas. Pero la mayoría de las personas que viven de rentas activas (obreros, trabajadores y empresarios pequeños y medianos) no pueden hacer nada y son utilizados por los grandes inversores como utiliza el granjero los animales de su corral o granja.

Cuando la crisis empieza a realizar los destrozos en las vidas de las personas que viven de rentas activas reduciéndole el valor económico, los partidos de izquierdas quieren mantener el poder adquisitivo de la clase trabajadora y clase media.

La izquierda que está dentro del sistema capitalista, si está gobernando, perderá su fuerza electoral y el gobierno, y si está en la oposición, puede relevar en el gobierno a la derecha, pero se verá obligada a hacer las mismas o parecidas políticas que la derecha, reducir gastos para cuadrar los balances de las cuentas del estado.

Los sindicatos suelen tener gran actividad en defensa de los intereses de los obreros y trabajadores para conseguir que las crisis económicas perjudiquen lo mínimo posible a la clase social que defienden.

Los partidos de izquierdas cuyas políticas están fuera del sistema capitalista cogen más fuerza política con sus propuestas, que son escuchadas y compartidas por más personas, y si la crisis es sistémica (muy grande o profunda) pueden incluso ganar unas elecciones parlamentarias (el caso de Grecia). ¿Pero qué pueden hacer en plena crisis? Pues lo mismo o parecido a los demás partidos:

reducir gastos para cuadrar los balances de las cuentas del estado.

Las interpretaciones de las rentas pasivas se pueden realizar desde diferentes ideologías y las de izquierdas se pueden enfocar desde perspectivas y ángulos diversos e independientemente si están gobernando un país o están en la oposición, la primera función debería ser la de analizar los riesgos que corre la población según el momento del ciclo económico o ciclo sistémico y de sus fases de crecimiento o crisis. Lo primero es advertir a la población del riesgo que corre con las sinergias de los mercados financieros. Se podría evitar que muchas personas, familias, empresas y países caigan en la trampa que tienden los grandes inversores para sustraer el valor económico a las personas que crean riqueza y viven de rentas activas, de su trabajo.

Con estas explicaciones solo quiero exponer mi modesta opinión sobre las estructuras económicas y financieras. Hoy las políticas de los grandes inversores son similares a las políticas de los granjeros. Nos dejan lo necesario para vivir con los precios en soportes económicos y cuando con nuestra actividad, con nuestro trabajo, creamos valor económico y mejoramos nuestro nivel de vida, los grandes inversores se encargan de quitárnoslo.

38. ACTUACIÓN EN EL PRIMER NIVEL

Si las izquierdas no actúan con una planificación actualizada, no podrán evitar un nuevo orden mundial donde los grandes inversores tengan el control de toda la economía y sus mercados económicos. No queda tiempo que perder. Es necesario actuar o a las personas que viven de rentas activas les pasará como a los animales domésticos, que no saben que pertenecen al granjero.

Si las izquierdas no actúan lo antes posible contra las estructuras de las rentas pasivas para evitar las consecuencias de dependencia a las rentas activas, cuando quieran reaccionar ya no habrá solución, todo estará bajo el control de los grandes inversores, es decir, la derecha y extrema derecha, que viven de rentas pasivas; tendrán el control total de los mercados financieros y dependeremos de sus decisiones, sin posibilidad de que las izquierdas puedan crear una alternativa de transformación a "otro mundo es posible".

¿A qué nivel estructural piensan las izquierdas?

La izquierda que está dentro del sistema capitalista, la socialdemocracia, y la izquierda que está fuera del sistema capitalista, más radical, ¿a qué nivel desarrollan nueva planificación? Y no solo lo que piensan sino ¿a qué nivel actúan? ¿Siguen con una programación orientada para gobernar los países que está en un segundo nivel de dirección en la sociedad actual?

Pues ambas izquierdas ven sus políticas amenazadas por los grandes inversores, por los mercados financieros y en poco tiempo no podrán salir de la granja que han creado los grandes inversores a las rentas activas. Desgraciadamente las izquierdas no han tenido las estructuras para defender el valor económico creado con las rentas activas, no han podido evitar las fases financieras o las crisis.

¿Sabemos cuándo empiezan las crisis económicas?

¿Sabemos cuándo terminan las crisis económicas?

¿Podemos evitar las crisis económicas?

Volviendo a plantear la pregunta... ¿Cuánto dinero ganan los grandes inversores, sin trabajar, sustrayendo el valor económico de las rentas activas?

Existen dos planteamientos bien diferenciados, por un lado los conservadores y ultraconservadores con su defensa, en muchos casos a ultranza, de permitir a los mercados el control de la economía, y por otro lado la izquierda socialdemócrata dentro del sistema capitalista y la izquierda fuera del sistema capitalista, que defienden el control de la economía por los estados.

La lucha es desigual, los mercados intervienen más sobre la creación de valor económico y los estados se centran más sobre los impuestos y su reparto. Los grandes inversores, creadores de las estructuras actuales de los mercados, generan más valor económico en un momento dado pero desplazan la mayor parte del valor económico para su beneficio. Las izquierdas son más partidarias de las políticas de los estados y del bienestar social y del reparto del valor económico generado, pero carecen de fortaleza para evitar que los grandes inversores desplacen el valor económico para su beneficio perjudicando las políticas de los estados y su bienestar social. Actualmente las políticas de los estados no tienen fortaleza para competir con las políticas de los mercados y cada vez, en la balanza, estos disponen de mayor peso.

¿Cómo se puede evitar que los grandes inversores controlen los mercados y se lleven la mayor parte del valor económico generado con las rentas activas?

¿Cómo se pueden neutralizar sus estrategias de los ciclos y fases económicas y financieras y evitar las crisis?

La propuesta es competir desde la sociedad civil creando nuevas estructuras financieras para favorecer la acumulación del valor económico, favoreciendo las rentas activas, ayudados por las políticas de las izquierdas cuando gobiernan los estados y marcando nuevas reglas a las políticas de los mercados para evitar que se lleven el valor económico generado por las rentas activas con sus estructuras financieras para los paraísos fiscales.

La clave está en que la sociedad civil disponga de estructuras y productos financieros competitivos y cree barreras para evitar que el valor económico sea desplazado a los paraísos fiscales por los grandes inversores que viven de rentas pasivas.

Es necesario que se pueda generar valor económico con la agilidad de las políticas de los mercados y que permanezca en manos de las rentas activas con una nueva estrategia de sociedad civil apoyada por los estados gobernados por las políticas de las izquierdas para fortalecer el bienestar social.

La propuesta no consiste en salirse del sistema capitalista, porque no hay alternativa para competir, sino evitar que los grandes inversores, con sus estrategias de rentas pasivas, se lleven el valor económico para su beneficio.

La idea es que las plusvalías generadas con la actividad diaria se queden para favorecer a las rentas activas con la permanencia de todo el valor económico en sus manos, cambiando las políticas de menor presión fiscal de las rentas activas e incrementando enormemente la presión fiscal sobre las rentas pasivas de los grandes inversores, de sus estructuras y productos financieros creados en paraísos fiscales.

Se trata de que las rentas activas dispongan de la fuerza del trabajo, medios de producción, fondo de comercio y estructuras y productos financieros a su servicio para favorecer el bienestar social.

En los países desarrollados hay voces que amenazan la sostenibilidad del bienestar social porque se tiende a una natalidad sostenible o negativa perjudicando con mayor gasto por pensiones y menores ingresos por rentas activas, pero la ventaja está en la elevada productividad actual que no repercute y beneficia el aumento de soporte económico de las rentas activas, porque es desplazado hacia las rentas pasivas, para sus cuentas de la banca privada. Presionan para anular las políticas de los estados y obligan a privatizar los servicios públicos, crear planes de pensiones privados para compensar las pensiones públicas de los mayores, etc.

Los mercados presionan los servicios y la protección social de los estados. Por ejemplo: Si hoy se necesita la actividad de dos personas que trabajen para atender una pensión pública con una productividad de 100, en el futuro se puede conseguir una productividad de 200 y una persona que trabaje puede atender a una pensión pública. El problema es que los grandes inversores no quieren este reparto del valor económico generado por las rentas activas. Los grandes inversores quieren mantener la relación que hay actualmente y el aumento de productividad desplazarlo para aumentar sus beneficios de rentas pasivas.

¿Qué pueden hacer las izquierdas para evitarlo sin estructuras para competir con los grandes inversores?

¡NADA!

39. ALTERNATIVAS

La gran actividad que hay en todos los sectores económicos a nivel mundial podría beneficiar a las economías de los países y sus habitantes mucho más si no estuviese sometida a especulación por las rentas pasivas de los grandes inversores. Es necesario cambiar la relación de dependencia para que los mercados económicos tengan las finanzas a su servicio, retengan el valor económico generado con el trabajo desde su origen hasta el consumidor final potenciando las estructuras del comercio justo. Las entidades de los mercados financieros que estén al servicio de los mercados económicos con estructuras en dirección de la banca ética.

Para ello es necesario lo siguiente:

- Estudio de las Debilidades, Amenazas, Fortalezas y Oportunidades de las rentas activas.

- Creación de los grupos de personas para la

estructura económica.

- Planificación del modelo económico.

- Estudios de viabilidad de los planes de negocios.

- Creación de los grupos de personas para la estructura financiera.

- Planificación del modelo financiero.

- Estructuras tipo franquicias.

- Poner en marcha una gran variedad de fondos para favorecer las rentas activas.

Por ejemplo, con la creación de fondos de inversión de 100 partícipes con diferentes cuantías:

- *desde 500 € para alcanzar 50.000 €,*

- *desde 1.000 € para alcanzar 100.000 €,*

- *desde 2.000 € para alcanzar 200.000 €,*

- *desde 5.000 € para alcanzar 500.000 €,*

- *desde 10.000 € para alcanzar 1.000.000 €,*

- *desde 25.000 € para alcanzar 2.500.000 €,*

- *desde 50.000 € para alcanzar 5.000.000 €,*

- *desde 100.000 € para alcanzar 10.000.000 €,*

- *desde 250.000 € para alcanzar 25.000.000 €,*

- *desde 500.000 € para alcanzar 50.000.000 €,*

- *desde 1.000.000 € para alcanzar 100.000.000 €,*

se podría alcanzar la gestión de una amplia variedad de empresas, sectores y tamaño en manos de las personas que viven de rentas activas.

Para actuar en el primer nivel la planificación tiene que ser global, es decir, definir cuántos recursos se pueden destinar al estudio del universo, a la investigación científica y a otras investigaciones, cuántos recursos se pueden destinar a las infraestructuras de los estados, cuántos recursos se pueden destinar a la protección social y servicios sociales, qué tipo de enseñanza se necesita: ¿una en que los maestros enseñen a los alumnos o una en que los maestros presenten distintos roles sociales a los alumnos y favorezcan la actividad y creatividad de los alumnos según el rol más adecuado a su forma de ser? Es decir, una educación de "amaestrar" a los alumnos con una enseñanza dirigida hacia un tipo de pensamiento, o una en que el profesor ayude a los alumnos a potenciar su creatividad. ¿Qué tipo de sanidad necesitamos, una sanidad que cure enfermedades o una sanidad que cure enfermos? ¿Qué tipo de estado necesitamos, uno con fuertes normas para condicionar las vidas de los habitantes o que el estado esté al servicio de los habitantes? Y en consecuencia: ¿quién debería tener el control de las normas, la sociedad civil o los funcionarios?

Es necesario que el valor económico venga dado a partir del mercado económico de la oferta y la demanda y los costes de producción, no como ahora que los grandes inversores explotan las rentas activas desde los mercados financieros.

Para actuar en el primer nivel hace falta que las izquierdas se replanten sus estrategias y sus tácticas. No tiene que ser la ideología la que impere, cada uno tiene la suya, lo importante desde las izquierdas es poner en marcha planes y ponerlos a funcionar con las tareas necesarias, que haya planificación para todas las actividades humanas. Este es el camino que deben tomar las izquierdas si quieren tener futuro.

BIBLIOGRAFÍA

Principios elementales y fundamentales de la filosofía. Politzer, Georges. Akal, 2004.

La plusvalía. Mecánica de la explotación capitalista. Velasco, Enrique. Marxismo Blume, Editorial. B. 1977.

Teoría Z. Ouchi, William. Orbis, 1984.

ACERCA DEL AUTOR

Alfredo Mourelos Muñiz nació en el año 1958 en Ardía, municipio de O Grove, en Pontevedra, en pleno apogeo de la dictadura franquista en España. A sus 17 años, en 1975, tuvo sus primeros contactos con organizaciones de izquierdas y comenzó su formación política, la que lo llevó a desarrollar una intensa actividad sindical y política que cesó cuando cumplió los 25 por las discrepancias que surgieron de su propio análisis de desarrollo ideológico del materialismo dialéctico y que le llevaron a abandonar la actividad organizativa de izquierdas. Desde entonces se dedicó a su actividad profesional en trabajos de pintura, decoración, administración de PYMES, a la vez que, de forma autodidacta, prosiguió con su formación profesional, siempre con el anhelo de ver cambios en la planificación y programación en las organizaciones de izquierdas. Más tarde, la crisis económica que sufrió España en el año 2009, le hizo reflexionar sobre la situación actual y surgió la idea de escribir este libro sobre las crisis económicas o la contracción de los mercados. Esta obra es el resultado de años de recopilación de información y fue escrita en los momentos en que su trabajo se lo permitió, labor que compaginó a su vez con el perfeccionamiento de su actividad profesional, a través de la realización de estudios de máster hasta que, no con poco trabajo, consiguió ver la luz en 2017.